健康福祉シリーズ ❹

新・実習指導概説

保育・教育・施設実習

<small>早稲田大学 教授／医学博士</small>
編著 **前橋　明**

<small>京都ノートルダム女子大学 教授</small>
石井浩子

著　植田恵理子　　福田　真奈
　　佐野　裕子　　志濃原亜美
　　長谷川直子　　山本　智也
　　畠山　　寛　　萩原　暢子
　　鵜飼真理子　　古庵　晶子
　　橘　　信子

ふくろう出版

はじめに

　こども園や保育所，幼稚園の保育者養成を担う大学や短期大学，専門学校においては，乳幼児の人間としての全面発達の基礎を守り育て，支援するという「保育や教育，福祉」の理念に支えられた指導力のある保育者の養成が責務です。

　本書は，このことに役立つ最適のテキストとして企画されたもので，保育者を目指す人や保育現場の先生方，ならびに，保育者養成の先生方にも，広く活用されることを願っています。

　執筆にあたっては，現在，こども園や保育所，幼稚園，施設の保育者の養成機関で，学生の教育にあたっている第一線の教育者・研究者らが，自らの保育現場経験や教育・研究経験を生かして，さらに，保育現場の先生方と協力し合ってまとめてみました。

　言い換えれば，子どもたちを見る目や保育を見る目を育てて，保育・教育・福祉の実践的指導力の育成を目指すことに十分配慮して内容を構成し，執筆していただきましたので，本書は，この21世紀の保育・幼児教育，児童福祉の発展と，保育者の質的向上，ならびに，保育者養成の充実のために，大いに貢献できるものと期待しております。

早稲田大学 教授/ 医学博士　　前　橋　　　明

　本書においては，保育士，幼稚園教諭，保育・教諭を総称して，「保育者」と表記して概説します。

目　　次

はじめに ………………………………………………………………… i

Ⅰ　実習総論 ………………………………………………………… 1
1．実習先の概要と教職員 ……………………………………… 2
1）保育所　2
2）幼稚園　4
3）認定こども園　6
4）児童福祉施設　9

2．保育所実習 …………………………………………………… 11
1）実習の目的と意義　11
2）実習の実施基準　14
3）実習の方法　16
4）実習の目標　19
5）実習の内容　22
6）実習の評価　24

3．幼稚園実習 …………………………………………………… 30
1）幼稚園実習の目的と意義　30
2）実習の実施基準　31
3）実習の方法　32
4）実習の目標　33
5）実習の内容　35
6）実習の評価　38

4．施設実習 ……………………………………………………… 43
1）施設実習の目的と意義　43
2）実習の方法　45
3）実習の目標　50
4）実習の内容　51
5）実習の評価　54

Ⅱ 実習前の準備と活動 …………………………………… 59
1．実習施設の決定 …………………………………………… 60
2．実習生個人票（個人カード）作成 ……………………… 61
3．実習前の心得と準備 ……………………………………… 61
1）実習前の心得　*61*
2）準備するもの　*62*
4．学内オリエンテーション ………………………………… 64
5．事前訪問（実習施設におけるオリエンテーション）…… 64
1）日程の調整　*64*
2）事前訪問チェックリスト　*66*
3）実習施設でのオリエンテーション　*68*
4）実習先までの行程確認　*70*
5）実習先までの略図作成と提出　*70*
6．実習の再確認 ……………………………………………… 71
1）実習目標の再確認　*71*
2）実習前の準備チェックリスト　*71*

Ⅲ 実習中の活動 …………………………………………… 79
1．実習中の心得 ……………………………………………… 80
1）出勤簿（出席票）について　*80*
2）子どもおよび保育者などの職員から学ばせていただくという謙虚な気持ちをもち，意欲的に，かつ誠実に臨む　*80*
3）社会人としての自覚をもち，礼儀正しい言動を心がける　*81*
4）提出物の期限等を遵守する　*81*
5）「報告・連絡・相談（ホウ・レン・ソウ）」が大切である　*82*
6）職務上の秘密を守る　*82*
7）健康管理を行う　*82*
8）その他　*83*
2．実習日誌（実習の記録）…………………………………… 83
1）日誌を書く意味　*83*
2）日誌の欄の項目について　*85*

iii

3）日誌を記録するときの留意点　*88*
4）記述上の注意事項　*88*
3．指導計画とは ………………………………………… *89*
1）部分実習　*90*
2）責任（全日・1日）実習　*91*
4．実習園においての反省会 …………………………… *94*
5．実習中の事故 ………………………………………… *95*

Ⅳ　実習後の活動 ……………………………………………… *97*
1．実習後の心得 ………………………………………… *98*
1）倫理観・守秘義務　*98*
2）その他　*98*
2．実習記録の整理と提出 ……………………………… *99*
3．礼状の作成 …………………………………………… *99*
4．学内報告会・反省会および事後指導 ……………… *100*
5．評価 …………………………………………………… *101*

Ⅴ　実習において留意すべき事項 ………………………… *105*
1．プライバシー保護 …………………………………… *106*
1）プライバシー保護の重要性　*106*
2）関連法令と倫理綱領　*106*
3）プライバシー保護に関する誓約　*108*
4）ケース・スタディ（プライバシー保護が問題となるケース）　*110*
5）実習記録（日誌）におけるプライバシー保護　*112*
6）プライバシー保護における正当な理由とは　*113*
2．安全危機管理 ………………………………………… *115*
1）安全危機管理とは　*115*
2）安全危機管理の実際　*116*
3）危機が起きた場合の対応　*118*
4）実習生の態度　*119*

3．現場実習における感染症とその予防 ………………………… *120*
　　1）感染症の基礎知識　*120*
　　2）感染症の種類　*122*
　　3）子どもの感染症　*123*
　　4）教育・保育現場での感染症対策　*126*

Ⅵ　保育教材の作成 ……………………………………………… *131*
　1．視聴覚遊具 ………………………………………………… *136*
　2．いろいろな素材を使った手づくりおもちゃ …………………… *138*
　3．子どもが主体となる活動 ………………………………… *142*
　4．保育現場における手づくり楽器の活用 ………………………… *151*
　　1）手づくり楽器の背景　*151*
　　2）手づくり楽器の素材　*152*
　　3）手づくり楽器の作り方　*153*
　　4）活動への取り入れ方・遊び方の例　*157*

Ⅶ　実習文書 ……………………………………………………… *161*
　1．実習前 ……………………………………………………… *162*
　　1）伺い文書　*162*
　　2）受け入れ回答　*165*
　　3）実習依頼　*165*
　　4）承諾書　*165*
　　5）連絡事項　*165*
　　6）評価票送付　*171*
　2．実習中 ……………………………………………………… *171*
　　1）対外文書　*171*
　　2）学内文書　*171*
　3．実習後 ……………………………………………………… *178*
　　1）対外文書（養成校からの礼状）　*178*
　　2）学内文書　*178*

Ⅷ 実習現場からの期待と要望 ……………………………… 181
1．実りある実習にするために ……………………………… 182
1）実習態度　*183*

2）子どもたちとの生活とあそび（子どもとの関わり）　*184*

2．実習生として ……………………………………………… 186
1）体調管理　*186*

2）個人情報およびプライバシーの保護　*186*

3）安全危機管理　*187*

3．理想の保育者像に向かって ……………………………… 187

Appendix ……………………………………………………… *189*

おわりに ……………………………………………………… *192*

I

実習総論

1 実習先の概要と教職員

　実習の前に，実習先である，保育所・幼稚園・認定こども園・児童福祉施設について理解を深め，どのような場所であるのか，それぞれの概要などについて，よく学んでおくことが必要である。ここでは，実習をよりよい学びの場とするために，設立の理念や目的，教育・保育の対象，教職員の配置，保育者の役割など基本的な知識について説明する。

1）保　育　所

(1) 保育所とは

　保育所は，以下に記した児童福祉法第39条に基づき，乳幼児（1歳に満たない幼児から就学前幼児）の保育を行う児童福祉施設の一つであり，厚生労働省の所轄におかれている。

---── 児童福祉法第三十九条 ──
　保育所は，保育を必要とする乳児・幼児を日々保護者の下から通わせて保育を行うことを目的とする施設（利用定員が二十人以上であるものに限り，幼保連携型認定こども園を除く）とする。

　保育所では，保育士資格をもつ保育士が保育を行う。一日の保育時間は原則8時間で，保護者が求めるニーズによって，延長保育や夜間保育などが行われている。保育士の数と担当する子どもについては，「乳児おおむね3人につき1人以上，満1歳以上満3歳に満たない幼児おおむね6人につき1人以上，満3歳以上満4歳に満たない幼児おおむね20人につき1人以上，満4歳以上の幼児おおむね30人につき1人以上とする（後略）」と，児童福祉法第33条に定められている。保育所には，保育士の他に，施設長，保健師，看護師，調理員，嘱託医などが勤務し，異業種間で連携をとりつつ働くことにより，乳幼児の生活を支えると同時に，保護者の交流の場や育児相談，子育

て勉強会の場として，地域に密着した子育て支援の役割も担っている。

(2) 保育所の教育・保育

　長時間を子どもが過ごす保育所は，子ども達の生活の場であり，保育は養護および教育を一体的に行うことを特徴としている。養護は，子どもの心身の健全な発達のために適切な環境を整え，「子どもの成長」を助ける営みのことであり，保育所における教育とは，子どもが感じたり，考えたりする中で，興味・関心を高めることによって生じる「学び」を引き出す試みであるといえる。養護と教育を一体的に行うとは，子どもにとって安心で心地よい環境を保障し，子どもがその環境を通して経験を重ね，人との関わりを豊かにすることを援助し，子どもの気づきから生じる言葉，表現などの育ちを，学びに向かうようにつなげることである。

(3) 保育所保育指針

　保育所における保育内容や，運営に関する事項，保育の計画や評価などを定めた指標が「保育所保育指針」（以下，保育指針と記載）であり，各保育所は，その基本原則（役割・目標・保育の方法）を踏まえ，施設の機能と質の向上に努めることが求められる。最新の保育指針は2017年3月に告知され，2018年4月1日から施行されているものである。保育指針における基本原則では，保育所の役割の冒頭に，「保育を必要とする子どもの保育を行い，その健全な心身の発達を図ること」が，施設の目的として記されている。保育所を利用する対象は，過去の保育指針では「保育に欠ける」子どもであったが，2015年4月施行の児童福祉法の改正に伴い，最新の保育指針では「保育を必要とする」と表記が改定されている。「保育を必要とする」ための条件は，保護者の就労条件，妊娠，疾病，介護，災害，虐待やDVのおそれ等である。2015年から本格試行された，子ども・子育て支援新制度に伴い，より個別ニーズに合った保育サービスの展開が目指され，保育サービス対象者の拡大が行われた。

保育指針では，保育者の専門性の向上を図ることが求められており，幼児教育を行う施設として共有すべき事項には，以下の2点が盛り込まれている。

- 育みたい資質・能力
- 幼児期の終わりまでに育ってほしい姿

　この2点については，同じく，2018年4月1日から施行の幼稚園教育要領，幼保連携型認定こども園教育・保育要領にも同文が記されており，所轄の違う3つの施設が，増大する乳幼児保育のニーズに応え，それぞれに質の高い教育・保育を行うことが期待されている。保育所は，未だ，法規上では「保育」を行うところであるが，今回の保育指針の改定で，保育所も「幼児教育」を担う機関としての役割をもったことの意味を考える必要がある。
　今後，保育所は子どもの生活の場であるだけではなく，教育施設としてのニーズにも応えることが要求されていることを理解し，保育士は，その職責を全うするために，専門知識を高め，より質の高い教育・保育を展開することが望まれている。

2) 幼　稚　園

(1) 幼稚園とは

　幼稚園は，以下に記した学校教育法第22条に基づき，満3歳から，小学校就学の始期に達するまでの幼児を対象にした教育機関であり，文部科学省の所轄におかれている。

―――――― 学校教育法第二十二条 ――――――
　幼稚園は，義務教育及びその後の教育の基礎を培うものとして，幼児を保育し，幼児の健やかな成長のために適当な環境を与えて，その心身の発達を助長することを目的とする。

　幼稚園では，幼稚園教諭免許をもつ教員が教育を行う。幼稚園の種類は公

立幼稚園と私立幼稚園があり，一日の保育時間は標準4時間であるが，預かり保育を実施している園が多い。幼稚園一学級の幼児数は，教諭1名に対し35人以下を原則とする（幼稚園設置基準第3条）。学級は，学年の初めの日の前日において，同じ年齢にある幼児で編制することを原則としているが（幼稚園設置基準第4条），市町村によっては，異年齢で学級を編成する場合もある。幼稚園には，教諭の他に，園長，副園長，教頭，養護教諭，事務職員などが勤務し，役割分担を行いつつ，子どもの教育に取り組んでいる。また，学校教育法第24条に記されているように，幼稚園は子どもにとっての教育の場だけではなく，保護者や地域の住民に対しても，幼児期の教育の諸問題について助言・相談を受けることができるように開放されている。乳児検診，子育て相談の会場として定期的に園を開放する等，家庭や地域における幼児期の教育支援の役割も担っている。

(2) 幼稚園の教育

　幼児期の教育は人格形成の基礎，教育の基礎を培うものである。それを踏まえ，幼稚園では，環境を通して行う教育が中心になって行われている。幼児は，幼稚園教諭とともに生活する中で，様々な環境から刺激を受け，自らも積極的に環境に関わり，様々なあそびや活動を展開していく。その中で，人やものとの関わりを考えたり，工夫したり，自然への興味・関心を深めたりする体験を重ね，さらに，おもしろいこと，楽しいこと，他者と関わるために必要なことを，何度も考え直すことが，幼児の教育が成り立つ源となる。幼稚園教諭は，幼児と活動をともにしつつ，子どもが充実感，達成感を感じ，創意工夫する体験を得ることができるように，適切な教育環境を整え，教育の基礎を培うことを考えて指導方法を練ることが望まれる。

(3) 幼稚園教育要領

　学校教育法第22条における幼稚園の目的を具体的に行うために，幼稚園教育の基本や，留意事項，指導計画，評価，5つの領域のねらいや内容などを

定めた指標が，幼稚園教育要領（以下，教育要領と記す）である。

　2018年4月から施行された教育要領では，幼稚園教育において育みたい資質・能力として，「知識・技能の基礎」「思考力・判断力・表現力等の基礎」「学びに向かう力・人間性等」の3つが明記され，幼児期の終わりまでに育ってほしい姿として，「健康な心と体」「自立心」「協同性」「道徳性・規範意識の芽生え」「社会生活との関わり」「思考力の芽生え」「自然との関わり・生命尊重」「数量や図形，標識や文字などへの関心・感覚」「言葉による伝え合い」「豊かな感性と表現」の10の姿が，5歳児の終わりまでに育ってほしい具体的な姿として明記された。10の姿はあくまでも手がかりであり，卒園を迎える年長児の到達目標ではなく，子どもの連続的な成長の一つの区切りに役立つものと捉えることが必要である。

　教育要領の「指導計画の作成上の留意事項」には，主体的・対話的で深い学びの実現，幼児の発達を踏まえた言語環境の整備，言語活動の充実，あそびや生活の中で見通しをもつこと，指導過程のふり返りの工夫，視聴覚教材やコンピュータ等，情報機器の活用が追記された。

　今後，幼稚園教諭は，子どもが何をどのように学び，何ができるようになるのかを考えつつ，指導内容を工夫することが必要になる。また，園の活動の中で，幼児一人ひとりの発達を見極め，指導の過程をふり返り，くり返し改善を行い，幼児理解に基づいた評価を実施することによって，質の高い教育を深めること，計画的な取り組みの内容を小学校に引き継ぐことが求められる。

3）認定こども園

(1) 認定こども園とは

　認定こども園は，2006年から制度が開始され，幼稚園と保育所の両方の機能を備えもつ，0歳から小学校就学前の子どもを対象とした内閣府管轄の施設である。2015年4月施行の，子ども・子育て支援新制度のもとで運営され

ている。教育および保育を一体的に行うこと，保護者が働いている，いないに関わらず利用できることが特徴である。就学前の子どもに幼児教育・保育を提供する機能，地域における子育て支援を行う機能を備え，認定基準を満たせば，都道府県などから「認定こども園」の認定を受けることが可能となる。認定こども園には様々なタイプがあるが，その中でも代表的な幼保連携型認定こども園は，「就学前の子どもに関する教育，保育等の総合的な提供の推進に関する法律」（通称「認定こども園法」）の第1章第2条7に，以下のように定義されている。

---------- 認定こども園法（通称）第一章第二条7 ----------
　この法律において「幼保連携型認定こども園」とは，義務教育及びその後の教育の基礎を培うものとしての満三歳以上の子どもに対する教育並びに保育を必要とする子どもに対する保育を一体的に行い，これらの子どもの健やかな成長が図られるよう適当な環境を与えて，その心身の発達を助長するとともに，保護者に対する子育ての支援を行うことを目的として，この法律の定めるところにより設置される施設をいう。

内閣府のホームページ[1]には，認定こども園のタイプについて，以下のように記されている。タイプが複数あるのは，保護者の就労の実情，変化に合わせ，選択が可能になるためである。

①幼保連携型
　幼稚園的機能と保育所的機能の両方の機能をあわせもつ単一の施設として，認定こども園としての機能を果たすタイプ
②幼稚園型
　認可幼稚園が，保育が必要な子どものための保育時間を確保する等，保育所的な機能を備えて認定こども園としての機能を果たすタイプ
③保育所型
　認可保育所が，保育が必要な子ども以外の子どもも受け入れる等，幼稚園的な機能を備えることで認定こども園としての機能を果たすタイプ

④地方裁量型
　幼稚園・保育所いずれの認可もない地域の教育・保育施設が，認定こども園として必要な機能を果たすタイプ

　認定こども園の認定基準は都道府県が条例で定めるため，職員資格や学級編成などは4つの種類で違いがあり，中には独自の基準を設定しているところもある。幼保連携型では，「保育教諭」（幼稚園教諭免許状と保育資格を併有）が保育を行い，その他の認定こども園では，満3歳以上を担当する場合は幼稚園教諭免許状と保育資格を併有することが望ましいとされ，満3歳未満を担当する場合は保育士資格が必要とされる。

(2)　認定こども園の教育および保育
　認定こども園の保育内容については，幼保連携型は「幼保連携型認定こども園教育・保育要領」（以下，教育・保育要領と記載），幼稚園型は「幼稚園教育要領」，保育所型は「保育所保育指針」に基づいて行う。2018年4月から施行された，「教育・保育要領」では，幼稚園教育要領との整合性を図り，幼保連携型認定こども園の教育および保育において育みたい資質・能力，幼児期の終わりまでに育ってほしい姿が明記されている。また，保育所保育指針との整合性のために，乳児・1歳以上3歳未満児の保育に関する記載の充実を図っている。また，教育・保育要領には，幼保連携型認定こども園として特に配慮すべき事項として，集団生活の経験年数が異なる園児，入園時期，登園日数の異なる園児などについて，教育および保育を行う際の配慮が記されている。認定こども園では，個々の子どもやクラスによって，在園時間の異なる園児がいっしょの施設で生活している。保護者の就労の変化によって生じる，満3歳児以上の新入園児や，他の保育機関から移動してくる子ども，夏休みの長期休業中の子ども等が存在する。このような様々な状況に対し，子ども一人ひとりの生活リズムの構築，それぞれが育ち合う環境の工夫と整備，集団生活の経験値を踏まえた園生活の流れ作り，時間差を考慮した保育

内容の工夫，認定こども園の特性を生かした子育て支援などが保育教諭と園に求められる。

4）児童福祉施設

　児童福祉施設は児童福祉法を中心とする法令に基づき，児童福祉に関する事業を行う各種の施設であり，厚生労働省の管轄に置かれている。すべての児童は，児童福祉法第1章第1条に記されているように，適切に養育されること，生活を保障されること，愛され，保護されることの権利を保障されている。しかし，保護者がいない，児童・保護者の病気，虐待を受けている等，児童を家庭において養育することが困難である場合，あるいは保護者への支援も必要な場合は，児童福祉施設を利用することができる。児童福祉施設は，児童の最善の利益を優先して考慮し，家庭にできるだけ近い養育環境を得ることができるように整備されている。

　児童福祉法においては，児童とは18歳未満の者，乳児は1歳未満の者，幼児は1歳から小学校就学の始期に達するまでの者，少年は小学校就学の始期から18歳に達するまでの者と定義されている。児童福祉法第1章第7条に記されているように，児童の年齢や，児童・保護者の心身の状況に応じ，様々なタイプの施設が存在し，それぞれの入所対象児童，目的など，詳細については，第36条から44条までに明記されている。

---- 児童福祉法　第一章　第七条 ----
　この法律で，児童福祉施設とは，助産施設，乳児院，母子生活支援施設，保育所，幼保連携型認定こども園，児童厚生施設，児童養護施設，障害児入所施設，児童発達支援センター，児童心理治療施設，児童自立支援施設及び児童家庭支援センターとする。

　児童福祉施設に勤務する保育士は，18歳までの児童を対象に，日中だけではなく，24時間を交代して担当する場合もあり，施設によって勤務体制が異なる。また，児童福祉施設の中には，保育士の配置が義務づけられていない

ところもある。児童福祉施設では，保育士の他に，児童指導員，支援員，医師，看護師，心理担当職員，栄養士，理学療法士，作業療法士などが利用者の支援を行っている。

　児童福祉施設は，種別によって，特性も保育士に求められるものも違いがある。例えば，児童養護施設の保育士は，安定した生活環境の確保をもとに，食事・排泄・就寝など，生活・身の回りの世話や，宿題を指導する等，児童の学習支援も行う。また，家庭復帰に向けて，親子関係の再構築に尽力することや，施設の退所時に備え，社会において必要な能力を身につけるための，自立に対する支援も担う。

　乳児院の保育士は，様々な事情により，保護者との生活が困難な1歳未満の子どもを対象に，ショートステイや24時間体制など，様々な形で養育することや，子育て相談など，保護者への対応・支援も求められる。

　いずれの児童福祉施設でも，施設で生活する子どもの理解，その背景となる保護者の理解，衣食住などの生活環境の整備，発達を支援する環境の整備，子どもとの愛着関係の構築，自立支援・訓練，心理的ケア等を，個別・他の職員との連携の上で行うことが保育士に求められる。

注
1．https://www8.cao.go.jp/shoushi/kodomoen/gaiyou.html

2 保育所実習

1）実習の目的と意義

(1) 保育所とは

　保育所とは児童福祉法に基づく、保育を必要とする子どもの保育を行い、その健全な心身の発達を図ることを目的とした児童福祉施設である。児童福祉法第39条では、「保育所は、保育を必要とする乳児・幼児を日々保護者の下から通わせて保育を行うことを目的とする施設」と記されている。実習前に、実習を行う施設の目的や役割、保育所で働く保育士の役割を理解することによって、保育所で生活する子どもにどのような援助をするのかを理解する必要がある。

(2) 『保育所保育指針』（2017）の改定で示される重要事項

　2017年（平成29年）には『保育所保育指針』、『幼稚園教育要領』『幼保連携型認定こども園教育・保育要領』が改定・改訂された。これらの改定・改訂によって、下記２点が重要事項として示されている。

　一点目は、保育所・幼稚園・認定こども園の３つの組織の社会的役割の整合性を図ること、すなわち、はじめて保育所も日本の「幼児教育施設」と認められ、幼稚園、幼保連携型認定こども園と同様に「幼児教育」を行うことが強調された。保育所・幼稚園・認定こども園の実際の園ごとの個性の違いを尊重しつつ、保育自体の中味をできる限り同一のものにすることである。

　２点目は、発達と学びの連続性の明確化（乳児保育から小学校接続まで）が示されている。そのために、「幼児期の終わりまでに育ってほしい姿」という目標像が新たに設定され、その姿に向けて、丁寧に「資質・能力」を育んでいくことが期待されるようになった。幼児教育を通して、子どもが身につけようとする事柄の中核を「資質・能力」と呼ぶ。小学校以降になると、

その「資質・能力」は「知識及び技能の基礎」「思考力・判断力・表現力等の基礎」「学びに向かう力・人間性等」に発展していく。

「幼児期の終わりまでに育ってほしい姿」とは，3歳（あるいは0歳・1歳からの長い育ちを通して）から5歳児後半に特に伸びていく5領域の内容を10に整理した。資質・能力は具体的には5領域の「ねらい」に反映され，「内容」に示された年長児から小学校にかけて，さらにその後の子どもの成長していく様子が10の姿を通して示されている。

(3) 保育実習の意義・目的
①保育所の社会的役割を理解

『保育所保育指針』（2017）を踏まえて，乳児保育に関わるねらいや内容が具体的に詳細に示され，さらに社会の流れを踏まえて，保護者支援の重要性が示されている。保育士は，子どもの生命を守り，在所する子どもの保護者のみならず地域の子育て支援を行い，職員間で協働し，関連機関と連携する等，保育所には，果たすべき社会的役割がある。

保育所の基本的役割は，乳幼児の発達を保障すること，保護者，家庭の就労を支援すること，地域の子育て支援を担うことである。保育実習を通してそれらの保育所の社会的役割を理解していくことが必要である。

②実際の体験を通して，理論と実践を統合する

保育実習までには，保育士になるために必要な知識，技能を身につけるべく様々な科目を学んできている。実際の経験をもって，理論と実践を統合していくことが保育実習の意義と言ってよい。保育を深く理解し，子ども理解をしていくために，多岐に学んだ教科の内容を関連させながら考えていくことが必要である。実習を通して学ぶことは理論と実践の統合，保育士の専門性の獲得だけに限らない。心して，③よき保育士となるためのプロセスを読んでほしい。

③よき保育士となるためのプロセス

　保育所は子どもたちが生活をしている場である。実習生のために，実習園が存在しているのではないことを肝に銘じてほしい。子どもが生活している保育所という場所に実習生が学びに行くのである。実習生は，大学生活の延長ではなく，子どもたちの生活に適した服装，言葉遣い，態度で取り組んでいるかどうか確認してほしい。

　『保育所保育指針』（2017）によれば，保育士は「保育所の役割及び機能が適切に発揮されるように，倫理観に裏付けられた専門的知識，技術及び判断をもって，子どもを保育するとともに，子どもの保護者に対する保育に関する指導を行うものであり，その職責を遂行するための専門性の向上に絶えず努めなければならない。」とされている。つまり，保育士は，子どもにとっての専門家であり，保護者にとっても専門家なのである。

　実習生は，保育士として扱われ，言葉遣い，身だしなみ，緊急時の対応など，多くの社会的スキルが求められる。子どもや保育士，保護者，地域の人など様々な人に対しても，すすんで元気に挨拶をしよう。よき保育士となるために先輩保育士から時に優しく，厳しい指導を受ける。その保育士の指導を謙虚に受け止めていくことが必要である。保育士からの指導に落ち込んでいる学生がいるが，なぜそのような指導があったのか，自分の姿勢をふり返り，自身の課題を考えていくことが求められる。

　実習はよき保育士になるためのものであるとともに，よき社会人になるためのプロセスととらえてほしい。実習では，保育士という仕事の魅力や楽しさ，理想の保育士像（望ましい保育士の姿）について考え，自分自身の子ども観，保育観に気づき，その中で自身の適性や進路選択を考える機会にしてほしい。

2）実習の実施基準

(1) 保育実習の履修科目

　『保育所保育指針』（2017）が2018年4月1日から適用されたこと等をふまえ，「指定保育士養成施設の指定及び運営の基準について」の一部を改正され，2019年4月1日より施行することになった。

　保育実習Ⅰ（4単位）は必修科目であり，保育実習Ⅱ（2単位），保育実習Ⅲ（2単位）はどちらかを選択して履修する必修科目である。厚生労働省が定める保育実習の段階，履修の方法は，以下の通りである。表1-1のように整理できる。

　また，保育実習を履修する際には，「保育実習指導」の履修も必要となる。

　保育実習指導は，実習に臨む事前指導と実習を終了した後の事後指導で構成されている。保育実習Ⅰは保育実習指導Ⅰ（2単位）を，保育実習Ⅱと保育実習Ⅲは保育実習指導Ⅱまたは保育実習指導Ⅲ（1単位）を履修しなくてはならない。

表1-1　保育実習の履修の方法

実習種別		実習日数	単位数	実習先
保育実習Ⅰ	必修科目	おおむね10日	2単位	A
		おおむね10日	2単位	
保育実習Ⅱ	選択必修科目	おおむね10日	2単位	B
保育実習Ⅲ	選択必修科目	おおむね10日	2単位	C

　実習施設の種別は，Aは保育所，幼保連携型認定こども園，または児童福祉法第6条の3第10項の小規模保育事業（小規模保育A・B型，及び事業所内保育事業）および，乳児院，母子生活支援施設，障害児入所施設，児童発達支援センター，障害者支援施設，指定障害福祉サービス事業所（生活介護，自立訓練，就労移行支援，または就労継続支援を行うものに限る），児童養護施設，児童心理治療施設，児童自立支援施設，児童相談所一時保護施設，または独立行政法人国立重度知的障害者総合施設のぞみの園である。

Bは，保育所，または幼保連携型認定こども園，あるいは小規模保育A・B型，および事業所内保育事業。

(2) 保育実習Ⅰと保育実習Ⅱの学習内容
①保育実習Ⅰの学習内容
　保育実習Ⅰは，保育実習の最初の段階として，保育所，幼保連携型認定こども園などにおける初めての実習になるため，実習施設の実態を総合的に理解することをねらいとする。表1-2のように，保育所の役割や機能に関して具体的に理解し，子どもとの関わりを通して，子どもへの理解を深め，保育士の仕事，職員間の役割分担，連携，協働，職業倫理を体験的に理解する

表1-2　保育実習ⅠとⅡの学習内容

保育実習Ⅰ（保育所）の内容	保育実習Ⅱの内容
1．保育所の役割と機能 　(1)保育所における子どもの生活と保育士の援助や関わり 　(2)保育所保育指針に基づく保育の展開 2．子どもの理解 　(1)子どもの観察とその記録による理解 　(2)子どもの発達過程の理解 　(3)子どもへの援助や関わり 3．保育内容・保育環境 　(1)保育の計画に基づく保育内容 　(2)子どもの発達過程に応じた保育内容 　(3)子どもの生活や遊びと保育環境 　(4)子どもの健康と安全 4．保育の計画・観察・記録 　(1)全体的な計画と指導計画及び評価の理解 　(2)記録に基づく省察・自己評価 5．専門職としての保育士の役割と職業倫理 　(1)保育士の業務内容 　(2)職員間の役割分担や連携・協働 　(3)保育士の役割と職業倫理	1．保育所の役割や機能の具体的展開 　(1)養護と教育が一体となって行われる保育 　(2)保育所の社会的役割と責任 2．観察に基づく保育の理解 　(1)子どもの心身の状態や活動の観察 　(2)保育士等の援助や関わり 　(3)保育所の生活の流れや展開の把握 3．子どもの保育及び保護者・家庭への支援と地域社会等との連携 　(1)環境を通して行う保育，生活や遊びを通して総合的に行う保育 　(2)入所している子どもの保護者に対する子育て支援及び地域の保護者等に対する子育て支援 　(3)関係機関や地域社会との連携・協働 4．指導計画の作成・実践・観察・記録・評価 　(1)全体的な計画に基づく指導計画の作成，実践，省察，評価と保育の過程の理解 　(2)作成した指導計画に基づく保育の実践と評価 5．保育士の業務と職業倫理 　(1)多様な保育の展開と保育士の業務 　(2)多様な保育の展開と保育士の職業倫理 6．自己の課題の明確化

＊「指定保育士養成施設の指定及び運営の基準について」（2019年4月）より抜粋

ことを保育実習Ⅰの目的とする。

②保育実習Ⅱの学習内容

　保育実習Ⅱにおいては，保育実習Ⅰの経験を踏まえ，保育所における更なる具体的な実践を通して，保育所の役割，機能の認識を深め，保育の展開方法や技術などの理解を深める。

　保育実習Ⅱでは，保育実習Ⅰでは取り扱わなかった，入所している子どもの保護者に対する子育て支援，および地域の保護者等に対する子育て支援を行うことが内容として加わっている。また，関連機関と連携，地域社会との連携・協働も含まれている。保護者に対する子育て支援には，実習生として具体的に実践することにより，観察する機会の方が多いだろうが，貴重な機会であるので可能であれば，観察させていただくとよいだろう。

　全体的な計画に基づく，指導計画の作成・実践・省察・評価に取り組み，理解を深めていくことが求められる。また，実習における自己の課題の明確化に努めていくことも目的である。

(3) 保育実習指導の学習内容

　保育事前指導では，保育実習Ⅰ・保育実習Ⅱの意義を学び，実習生としての心構えを学んでいく。保育所の目的や機能，そこで生活する乳幼児の日常と保育士としての役割や職業倫理，さらには子どもの最善の利益の具体化などについて学んでいってほしい。これまで学習してきた教科理論を基礎として，保育現場での実践に活かす応用力を養うため，指導計画の立案も行う。事後指導では，実習で得られた知識や技術を体系化し，保育士としての自覚を深め，自己の課題の明確化に努めていく。

3）実習の方法

　実習の方法については統一されておらず，養成校や保育所によって呼び方

や内容が異なることがあるため，事前に確認しながら進めていく必要がある。

　初めての保育実習Ⅰでは，観察実習や参加実習をしながら，取り組んでいく。保育実習Ⅱでは，全体的な計画に基づく，指導計画の作成・実践・省察・評価に取り組み，理解を深めていくことが求められるため，部分実習や責任実習などの実践を通して，指導計画を立て，より具体的に保育を学んでいく。以下に，具体的な方法を示す。

(1) 観察実習

　保育所の一日の流れや，子どもの生活やあそび，保育士の援助を観察することを通して学ぶ実習を観察実習という。実習の初日，2日目は観察実習になることが多いが，観察実習をする際には，実習の目標としてとり上げた内容を観察する等，観察するポイントを明確にした方がよい。心理学の観察と異なり，観察者に徹するわけではないので，保育中にメモをとってよいかを，事前に保育士に確認が必要である。メモをとってよい場合でも，必要事項のみを小さなメモ帳に書き，メモをとることに集中し，子どもとの関わりが少なくならないように気をつける必要がある。

(2) 参加実習

　保育所の子どもたちと共に生活し，子どものあそびに参加し，子どもと関わり，必要な援助をする実習であり，保育に参加することを通して学ぶ実習が参加実習である。初めての実習の場合，緊張してしまうことが多いが，その際には，実習生のまわりに来てくれる子どもと関わりながら，クラスの子どもたちの名前と顔を早く一致させ，クラスの全ての子どもと関われるように積極的に関わっていってほしい。保育士の姿や子どもたちの関わりから，学ぼうという明確な目的や課題をもち，積極的に実習に臨んでほしい。

(3) 指導実習
① 部分実習
　保育の一部分を担当することを通して学ぶ実習を部分実習という。部分実習には，次のA，B，Cの3種類がある。
A．毎日くり返される活動
　（例　生活習慣（着替え・給食・排泄・午睡・歯磨き等の指導）
B．短時間で行える活動
　（例　手あそび/歌/弾き歌い/ゲーム等の指導）
C．教材が決まっている活動
　（例　絵本の読み聞かせ，紙芝居，エプロンシアター，パネルシアター，ペープサート等）

　Aの毎日くり返される活動では，指導案（指導計画）を書かずに取り組むこともあろうが，Bの短時間で行える活動やCの教材が決まっている活動においては，子どもの様子を踏まえて部分実習指導案（一日の保育における一部の時間帯だけを担任に代わって保育を行うための案）を立て，担任に指導していただきながら取り組んでほしい。

② 責任実習
　責任実習は，全日実習，一日実習とも呼ばれ，一日の保育を担当することを通して学ぶ実習を責任実習という。指導計画（指導案）の種類には，長期計画（年間計画，学期の計画，月間計画），短期計画（週案，日案）がある。責任実習指導案は，短期計画の日案に相当する。実習生が責任実習をする場合には，責任実習指導案（全日実習指導案：全日，担任に代わって保育を行うための案）を立て，環境や準備を整え，実践する。指導計画は，指導を受けた後には修正することを想定し，早めに提出していくことが必要である。
　実際に責任実習をしていると，計画通りに進まず，時間が超過したり，早めに終わってしまうことも起こる。普段の子どもの生活（デイリープログラム）を崩すことがないように，時間配分に注意を払う必要がある。子どもの

興味や関心など，子どもの状況に合わせて，活動内容や時間を調整し，臨機応変に取り組むことが求められる。

いずれの実習段階においても，終了後には実習担当の保育士から指導や助言を受けることになる。その指導を謙虚に受け止めながら，自らの実習をふり返り，新たな課題を見出していくことが重要である。実習の中で目標やねらいを立てて取り組み，ふり返りをくり返すことで，実習における学びを深められる。

4) 実習の目標

(1) 実習の目標の内容

権藤ら（2006），長谷川（2012）の実習の目標を参考にすると，実習の目標の内容は，下記の(A)〜(E)に大別される。

- (A) 保育所の機能（実習園の特色も含む）について
- (B) 子どもについて
- (C) 保育士の仕事や役割について
- (D) 保育内容，方法について
- (E) 保育の実践について

(A)〜(E)の中から，実習中に特に関心をもって学んだり，取り組んでいけそうな事柄をあげて整理したりするとよい。自分が書いた実習の目標は，(A)〜(E)の中のどれに該当するだろうか。自分の傾向性を知り，様々な内容の目標を立てるとよい。

(2) 保育実習Ⅰ（保育所）の実習の目標

保育実習Ⅰにおいては，保育所において生活を営む乳幼児への理解と保育所の機能や保育士の職務について学ぶことをねらいとしている（全国保育士養成協議会編，2018）。そのため，それらに基づく保育実習Ⅰ（保育所）の実習の目標例を下記の欄に示す。

- 保育所における各年齢（クラス）ごとの一日の流れを理解する。
- 保育士の仕事や役割について，どのようなことがあるのかを学ぶ。
- 子どもの発達の姿を特に○○に注目しながら理解する。
  （○○には言葉，運動，友だちとの関わり等）
- 手あそび，絵本の読み聞かせなど子どもの前で実際に体験する。

3番目に記載した，子どもの発達の理解を実習の目標に掲げる学生は多くみられるが，発達には，運動，言語・コミュニケーション，情緒，人間関係，あそび，社会性など，様々な側面がある。そのため，発達の中でも，どの分野を特に学びたいのかを実習目標の中に具体的にとり上げていくことが重要である。

実習の目標は，保育所が配属クラスを決定する際の判断資料にもなる。各自が実習の目標を立て，実習園への事前訪問（オリエンテーション）までに，自分が実習で何を学びたいのか説明できるように十分に考えをまとめておくことが必要である。

保育所の都合により，学生の希望通りの配属になるとは限らない。そのため，実習の目標は，(A)保育所の機能（実習園の特色も含む），(B)子ども，(C)保育士の仕事や役割，(D)保育内容，保育方法，(E)保育の実践などの多岐にわたる内容を含めて作成し，乳児クラス，幼児クラスの両方のクラスにおける実習目標を立てる必要がある。

(3) 保育実習Ⅱの実習の目標

「保育実習Ⅰ」においては，保育所において生活を営む乳幼児への理解と保育所の機能や保育士の職務について学ぶことをねらいとしているが，「保育実習Ⅱ」ではそれらをふまえた上で，実習経験の集大成であり指導実習を行い，さらに家庭と地域の生活実態にふれて，子ども家庭福祉ニーズに関する理解，判断力を養い，子育てを支援するために必要な能力を養うところまでの水準を求められている（全国保育士養成協議会編，2018）。そのため，それらをふまえて，保育実習Ⅱ（保育所）における実習の目標例を下記の欄

に示す。

- 同じあそびでも，年齢によって，どのように異なるのかよく観察し学ぶ。
- 年齢（発達段階）に合ったあそびの内容と指導法の工夫について学ぶ。
- 子どもの個人差や特性の理解を深め，保育士の適切な援助や工夫について理解する。
- 子どもがどのように園生活の決まりやあそびのルールを理解しているか，また，子どものルールに関する理解が進むように，保育士が行っている援助や工夫について理解する。
- 子どもが次の活動へ無理なく移れるようにするための保育士の工夫について学ぶ。
- 保育所で実施されている子育て支援活動の取り組みについて学ぶ。
- 給食の献立の工夫，特にアレルギー対策や食べやすさの工夫などについて学ぶ。
- 保育士のチームワークについて理解し，連携や協働の仕方について学ぶ。
- 子どもの実態に応じた指導計画の立て方を学び，ふり返りを通して，課題を明確にして次の実践に活かしていく。

(4) 実習の目標を書く際の注意事項

　実習の目標は，実習日誌に記入する。実習生がどのような実習をしていこうと考えているのかは，実習の目標に明確にあらわれる。実習の目標は保育士として専門的な技術，知識の体得について目的や目標をより具体的に立てることが重要になる。そのため，実習生の基本的な態度は実習目標として，ふさわしいとはいえない（阿部ら，2014）。「積極的に頑張る」，「笑顔で頑張る」「御迷惑をおかけ致しますが」等は実習目標としてふさわしくない。

　また，「保育所や幼稚園を比較する」という，実習期間中には学びきれない内容も不適切といえる。保育士の先生方にお忙しい中，日誌の指導を受けることからも，誤字脱字がないように書けているかを確認する必要がある。

　保育実習Ⅰおよび保育実習Ⅱの実習後には，自身の実習をふり返り，実習目標を達成できたのかを評価する。設定した実習の目標をどの程度理解し，達成できたかを評価・反省することが，その後の新たな課題を生み出し，学習意欲を高めることになる。

5）実習の内容

(1) デイリープログラムを頭に入れ，自分のすべき行動を考える

　実習の中では，実習生は保育士としての行動が求められる。歩く，走る，座る，立つ等，動作をきびきびと行うことが重要である。観察をしているときにも，保育士の視線を遮ることがないか，自身の立ち位置，座る位置を考えて動くことである。学生がきびきびと動くためには，デイリープログラムを頭に入れておくことが重要である。オリエンテーションに行き，基本となる乳児と幼児のデイリープログラムを教えていただき，一日の活動の流れを覚えて実習の初日を迎えれば，自分がどのように動くべきなのか，一つひとつ保育士に聞かなくとも，取り組んでいくことが可能になる。すなわち，デイリープログラムは子どもたちの基本的な生活のみならず，実習生にとっても生活の見通しとして機能するのである。

(2) 保育士の動きをよく観察する，質問する，報・連・相

　保育士の子どもへの関わり方をよく観察し，保育士の行動を模倣してみる。何度か取り組むうちに自分なりの表現の仕方を身につけられるだろう。実習生が保育士となっていくには，先輩保育士をよく観察し，模倣し，自分なりの表現を具現化できるようにしていくことである。しかし，保育士の意図が理解できないこともあるかもしれない。日誌にわからなかったと書くのではなく，保育士の先生方の時間があるときに，子どもへの関わりの理由など，保育の意図を質問して，疑問をなくしていくことが重要である。保育士は実習生からの質問を待っており，それにより，実習への積極性や保育士の指導に対する理解度を把握している。

　また，保育士から指導されたことは着実に実行し，わからないことがあれば勝手に判断せず，事前に相談することも必要である。保育所の備品を借りる際には，保育士の許可を得てから使用し，丁寧に扱い，使用後には必ず報告をする。保育士から頼まれた仕事が終わったら，必ず報告することも必要

I　実習総論

である。仕事が途中までしか終わらなかった場合においても，そのことを報告することが求められる。保育においては，情報の共有，報告，連絡，相談が何よりも重要なのである。

(3) 子どもと積極的に関わる

　子どもたちとなんとなく遊び，見ているのではなく，子どもが何に興味をもっているのか，子どもの行動を観察して，子ども理解していくことが必要である。子どものあそびを観ていく中では，年齢によって砂場あそびの内容も質も全く異なる。そのため，子どものあそびの中でどのような経験をしているのか，子どもの周りの環境はどのようであったのか，よく観察して子どもの行動をとらえ，子ども理解を深めていこう。

(4) 指導計画の立て方

　部分実習や責任実習指導の計画を立てる手順としては，
① 「子どもの年齢（発達）」「一日の保育の流れ」「前日までの子どもの姿」「子どもの興味・関心のあるあそび」を把握する。
② ねらいや活動，その流れを考え，速やかに案を出す。できれば2つ以上考え，実習担当の保育士，担任の保育士に相談する（A 毎日くり返される活動を指定された場合は省略する）。※p.18を参照のこと。
③ 実習担当の保育士から案として適当と言われたら，速やかに指導案を書いて提出する。
　（1回でOKは出ない。指導を受けながら何度か書き直すことになるため，早めに取り組む。）

(5) 実習体験のエピソード（事例）を記録

　実習で学んだことを深化させていくためにも，記憶が残っているうちに実習体験のエピソードとして，子どもとの関わりや保育士から学んだことを記録し，整理をしておくことが必要である。子どもの活動や保育士の援助を

23

5W1H（いつ・誰が・どこで・何を・なぜ・どのように）に基づいて書いていく。子どもの表情や行動などをできるだけ客観的な事実として詳しくありのまま書き，またエピソード記録の事実に基づいて考察をしていく。考察では客観的な事実をふまえた考察を書く。子どもの姿の背景にある気持ちや保育士の援助の意味などを考察する。

その重要な実習体験のエピソード（事例）を書きとめていくことによって，実習への自身の取り組みが明確になり，実習中の学びを体系的に理解していくことが可能になる。また，実習中にエピソードを書き留めておけば，養成校の事後指導の際のふり返りの貴重な資料となる。実習体験のエピソード（事例）をたくさんストックしていくことは，実習生の学びを深め，自身の宝物を整理しながら意識してとどめていくことにつながる。

6）実習の評価

(1) 実習評価の意義

実習の評価の考え方として大切なことは，『保育実習指導のミニマムスタンダードver2「協働」する保育士養成』（全国保育士養成協議会編，2018）において示されているように，「PDCA」サイクルと呼ばれる計画→実践→評価→改善を実施することであり，このサイクルは指導計画から保育実践，そして，評価の流れが単純にくり返されるのではなく，評価に基づく改善が次の指導計画へとつながるらせん状のモデルとなっている。また，保育士の専門性の向上の観点からも重要なモデルである。保育実習においても，学生自身にとっての効果的な学習を進めるためにも，また学生が将来保育士として勤務することを念頭においても，PDCAサイクルに基づく学習モデルを学生に意識させることは重要な課題となる。「PDCA」サイクルを理解し，実習のねらい→実習活動→学習のふり返り評価→次の日の実習のねらいとつながり，それらのサイクルが実習全体の自己課題（実習事前指導）→保育実習→実習のふり返り評価（実習事後指導）→次の実習に向けての自己課題とい

う流れの中に位置づけられていることを意識できるように実習を組み立てていくべきである。

(2) 実習評価票の基本的な考え方

　実習の評価に関する基準として，『保育実習指導のミニマムスタンダードver2「協働」する保育士養成』（全国保育士養成協議会編, 2018）では実習評価票の内容との基本的な考え方を示している。実習評価票の基本的な考え方は，「態度」「知識・技術」の2大項目を設定している。「態度」には，「意欲・積極性」「責任感」「探求心」「協調性」の四つの下位項目を設けている。

　「知識・技術」には，局長通知の「教科目の授業内容」を基に，保育実習Ⅰ（保育所等），保育実習Ⅱごとに評価内容と評価上の観点を記入している。

　各項目別の評価（A～D）に加え，「総合評価」A～Dを設定している。また，『保育実習指導のミニマムスタンダード』（全国保育士養成協議会編, 2007）基本的な考え方として「実習生として優れているか」「実習生として適切である」「実習生として努力を要する」等の3段階評定であったが，全国保育士養成協議会（2018）の評価では「実習生として」，A「非常に優れている」，B「優れている」，C「適切である」，D「努力を要する」の4段階評定に変更している。

(3) 実習園における評価

　実習園における評価は，実習園の園長や，指導担当保育士によって評価される。実習園評価は自己評価に対する客観的な実習生に対する評価といえる。実習園からは実習生を評価した実習評価票が返送され，養成校の実習担当の先生から伝えてもらうことになる。

　『保育実習指導のミニマムスタンダードver2「協働」する保育士養成』（全国保育士養成協議会編, 2018）に示された基準に則り，養成校独自に実習評価票が作成されている。その一例を資料1－1に示す。

資料1-1　保育実習Ⅰ（保育所）成績評価票

保育実習Ⅰ（保育所）成績評価票

　下記の学生は本園において保育実習が修了したことを証明し，評価を下記のように報告します。

実習施設名：
施設長名：　　　　　　　　　　　印

実習生	所　　　属	学籍番号	氏　　名
	○○大学　こども教育学部幼児教育学科		

出席状況	実習期間		出席すべき日数	欠席日数		遅刻早退	
	自　　年　　月　　日			病気	日	遅刻	日
	至　　年　　月　　日			事故	日	早退	日

《項目別評価及び総合評価》
　下記の項目にそって，評価基準によって評価をお願いいたします。

[評価規準]
　S：十分達成した　　A：達成した　　B：ふつう　　C：不十分であった
　D：きわめて不十分（不合格）

	項　　目	評　　価	特記事項
意欲・態度	①実習に取り組む意欲・積極性	S・A・B・C・D	
	②実習に対する目的意識	S・A・B・C・D	
	③責任感・規則の厳守	S・A・B・C・D	
	④協調性	S・A・B・C・D	
	⑤基本的な実習態度 （挨拶・礼儀・言葉使い・身だしなみ）	S・A・B・C・D	
知識・技術	①保育所の役割・機能の理解 （地域社会との連携の理解を含む）	S・A・B・C・D	
	②保育士の職務内容・職業倫理の理解 （職員のチームワークの理解を含む）	S・A・B・C・D	
	③子どもの発達の理解	S・A・B・C・D	
	④保育所の一日の流れの理解	S・A・B・C・D	
	⑤健康・安全への配慮	S・A・B・C・D	
	⑥子どもの発達に応じた適切な関わり	S・A・B・C・D	
	⑦基本的な保育技術の習得	S・A・B・C・D	
	⑧保育技術を活かした保育の展開	S・A・B・C・D	
	⑨全体的な計画・指導計画の理解	S・A・B・C・D	
	⑩年齢に応じたねらい・内容の設定	S・A・B・C・D	
	⑪ねらい・内容に適した環境設定の理解	S・A・B・C・D	
	⑫指導計画の立案と実施	S・A・B・C・D	
日誌・記録	①実習日誌の適切な記録の作成	S・A・B・C・D	
	②実習における問題点・改善点の理解	S・A・B・C・D	
	③自己課題の明確化	S・A・B・C・D	
総合所見			総合評価 S・A・B・C・D

Ⅰ　実習総論

(4)　自己評価—自己評価して自身の保育をふり返る—

　実習評価項目に沿った自己評価をしておくことも必要である。自分で実習をふり返る「自己評価」は主観的なものになる。養成校では実習のふり返りとして，学生が実習評価票に自己評価していることが多い。実習をさらに価値あるものにしていくために，自身の実習中の態度や振る舞い，実習日誌の見返し，実際に実習で学んだことをふり返り，細かな点を見つめ直すことが必要である。

(5)　実習園評価からの学び
①実習園評価と自己評価のずれ

　実習園評価よりも自己評価の方が低くなりやすいことが明らかになっている（堤ら，2002；福田，2012）。また，実習評価と自己評価にはずれが生じやすくなっている（原，2006；三木ら，2004；福田，2012）。保育実習Ⅰ・Ⅱにおける実習園評価と自己評価のずれの内容を検討した。その結果，実習生は「実習記録の内容や方法」や「指導計画の立案や実践」を低く評価していた（福田，2012）。すなわち，「実習記録の内容や方法」や「指導計画の立案や実践」は実習生の課題であることを実習前から心得て取り組んでいく必要があるといえる。

②実習園評価と自己評価を見返し，再度自己評価をする

　実習後には自己評価をして，実習園からの評価票と自己評価を比べ，自己評価とのずれを見定めることが必要である。

　実習生として努力を要するのであれば，何が課題なのか，どのような努力が必要なのかを見つけ出すこと，そしてチェックされた評価そのものよりも評価の「でこぼこ」に注意をはらう必要がある。実習の評価は絶対的なものさしはなく，実習園によって基準は少しずつ違ってくる。評価に一喜一憂するのではなく，「でこぼこ」のパターンをよく見て，評価されているところ，課題について特徴を確認する（相浦ら，2011）。

実習園の評価では,「積極性が足りない」「挨拶ができない」等が実習評価票に記入され,反省会で言われたとがっかりした実習生もいる。実習生としては,一生懸命取り組んだ気持ちがあり,保育所の保育士には伝わらなかったということである。自分の保育への姿勢をふり返り,どのように表現すれば,自分の内にある積極性や意欲が周囲につたわるのか考えていく必要がある。

⑹　実習におけるふり返り
①実習の目標のふり返り
　実習が終わったら,冷静に自分の保育をふり返ってみよう。実習の目標とも関連づけると自分の学びが明確になり,学習の効果が一層大きいものとなる。
　実習前に立てた実習の目標を見直そう。ふり返るという行為が保育士の専門性に関係していく。ただ漠然とふり返るのではなく,実習前に立てた実習の目標はどの程度到達できたか,実習の目標についてふり返り,できた,できなかったと一喜一憂せず,今後の自分の課題を明確にし,自身の課題をどのように克服していくか考えていくことが重要となる。

②日誌からの学び
　日誌を通して実習園からの指導を見返すことにより,自身の保育への姿勢をふり返り,自分の保育の癖に気がつき,自身の課題に気づくことになる。実習後に日誌をよく見返し,学んでいくことが必要である。卒業生は実習日誌を宝物と言うが,まさに実習生にとって宝物になるかどうかは,日誌を十分に見返し,保育士の指導を自分のものにできたかどうか,自己の課題を見つけられたどうかによる。

③次の実習への課題の明確化
　自己評価や,実習園評価,反省会や事後指導などを通して実習のふり返り

を行うなかで，自分の成長した面，優れた面や，今後の一層の努力が必要な面が明確になったことと思う。優れた面に関しては，今後も一層磨きをかける。努力が必要な課題に関しては，次の実習でも指摘されることがないように，どのようにしていけばよいか，具体的な取り組みを考えていこう。もし自身の苦手な分野をどのように取り組めばよいのかわからない場合には，教員に率直に相談していくとよい。初めての実習を終えて自信をなくした学生も，その後の取り組みにより自信をもち，保育士としての職業を選択して就職している先輩も多くいる。実習をふり返り，次の自身の課題を明確化し，取り組んでいくことである。

[文献]
1）阿部和子ら：保育実習第2版，ミネルヴァ書房，2014．
2）相浦雅子・那須伸樹・原　孝成編：STEP UP!ワークシートで学ぶ保育所実習1・2・3，同文書院，2008．
3）福田真奈：保育実習における評価　―実習園評価と自己評価の関係性に焦点を当てて―，白鷗大学教育学論集第6巻第2号，pp.199-222，2012．
4）権藤眞織・安西智子：実習課題の立て方，小林育子，幼稚園・保育所・施設　実習ワーク，萌文書林，2006．
5）原　孝成：保育所実習における園評価と自己評価の関係，西南女学院大学紀要10，pp.196-203，2006．
6）長谷川　大：保育所実習，前橋　明編，実習指導概説保育・教育・施設実習，ふくろう出版，2012．
7）三木知子・広瀬規子：保育専攻短大生の園・自己評価についての実習感と一般的自己効力感，保育士養成研究22，pp.57-65，2004．
8）無藤　隆・汐見稔幸・砂上史子：ここがポイント3法令ガイドブック―新しい『幼稚園教育要領』『保育所保育指針』『幼保連携型認定こｗども園教育・保育要領』の理解のために―，フレーベル館，2017．
9）堤　幸一・山根　薫：教育実習の評価と性格特性の関係，就実論叢33（2），pp.17-30，2003．
10）全国保育士養成協議会編：保育実習指導のミニマムスタンダードver2「協働」する保育士養成，中央法規，2018．

3 幼稚園実習

1）幼稚園実習の目的と意義

　教育実習は，幼稚園教諭免許を取得するための必須科目である。幼稚園教育の基本は，環境とあそびを通して行う総合的な教育であり，心情・意欲・態度など，生きる力の基礎を育むことを重視している。

　実習生は，幼稚園現場において子どもや幼稚園教諭，保護者などに直接関わり，幼稚園教諭の職務を体験的に学習する。実習生として子どもとの信頼関係を築き，一人ひとりの子どもと直接ふれあうことで，子どもの心身の発達にどのように関わっていくのか，その援助の実際を，体験を通して学ぶことが実習の大きな目的である。

　教育実習の意義は，主に次の3点にまとめられる。

①　保育の専門性を高める

　　実習生は，養成校で学んだ専門的知識をふまえ，子どもと接する中で子どもを理解する力や実践力を養い，応用力を培う。実習を通して，自分は何を知っていて，何を知らないのか，また何に困り，何に感動したのか等，子どもから得た共感や疑問，実習担当者から受けた指導を課題としながら保育の専門性を高めていく。

②　課題意識をもち，意欲的に学習する

　　養成校における学習については，学生が受講した講義の範囲内で学ぶというように，概して受動的な方法が採られてきた。しかし，実習においては，学生自身の積極的な行動が求められる。「子ども同士のトラブル」や「ピアノでのつまずき」等，予測していなかったことが展開する保育現場の中で，多くの学生は現実の保育の難しさを知る。そして，そこから自己の新たな課題を見いだすことができる。理論的にも技術的にも具体的な学習課題を積み重ねる中で学習が深まり，実践力が養われるので

ある。

③ 実習を通し，自己を見直す

養成校の学生の多くは，保育者へあこがれや興味を抱き，また，保育者になりたいという明確な目的をもって入学してきている。しかし，同時に，様々な学習を通してこの職業の厳しさを実感し始めている学生もいる。限られた時間ではあるが，幼稚園現場に身を置くことによって，「保育者になりたい」という動機が高まって，養成校に戻ってくる学生がいる。その一方で，現実の厳しさを感じて幼児教育への不安と責任の重さを増大させた学生もいる。幼児教育の実態を知り，現場での体験をくり返しながら，実習生は自分自身の潜在的特性を再認識し，自分の知らない自己を発見するのである。

2）実習の実施基準

幼稚園教諭は，「教員免許法」に基づいて幼稚園教諭免許状を取得するため，大学や短期大学，養成校などにおいて規定の単位を修得しなければならない（表1－3）。

教員免許取得に関する実習は，「教育職員免許法」および「教育職員免許法施行規則」にその基準が示されている。幼稚園教諭に関する実習は，教職に関する科目の一部として，専修免許状から二種免許状まで共通に，5単位

表1－3　幼稚園教諭免許状取得のための基礎資格と最低単位数

免許状の種類	基礎資格	教科に関する科目	教職に関する科目	教科または教職に関する科目
専修免許状	修士の学位を有すること	6単位	35単位	34単位
一種免許状	学士の学位を有すること	6単位	35単位	10単位
二種免許状	短期大学士の学位を有すること	4単位	27単位	

（教育職員免許法第5条，第5条の2関係　別表第一　より抜粋）

の取得が規定されている。実習期間は，幼稚園などの教育現場で20日間以上必要である。

3）実習の方法

　教育実習は，配属された幼稚園で，活動に参加しながら実習担当者から直接指導を受けるという方法で進められる。実習園の配属は，各養成校によって異なる。予め実習園として協力を依頼している園へ配属される場合や，学生が実習先を選んで決定する場合もあるが，実習園の選定と責任は養成校が担っている。

　実習園の決定後は，学内で心構えや学習内容などについて事前指導を受け，オリエンテーションへの参加を経て実習開始となる。

　園での実習は，見学実習から全日（一日）実習まで各段階を経て行われる（図1－1）。2段階に分けて実施する場合は，第1段階で見学実習や観察実習，参加実習，あるいは部分実習を行う。そして，この間に学んだことを養成校に持ち帰り，さらに学習を重ねて半日・全日（一日）実習に向けての準備を行う。第2段階では，半日・全日（一日）実習を行い，実習終了後に反省や評価，次期への課題などを含めた事後指導が養成校で行われる。

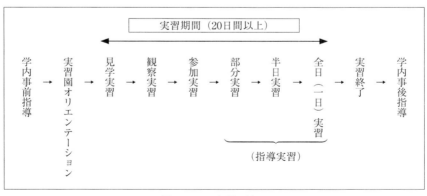

図1－1　実習の流れ

4）実習の目標

　実際の子どもの生活の中に入り，子どもや幼稚園の実態への理解を深めるとともに，具体的な体験を通して指導の方法や保育者のあり方について学習する。また，幼稚園教諭の職務についても理解するために，以下のような具体的な目標をもって実習を行うことが望まれる。

(1) 子どもの理解を深める

　養成校で学んだ子どもの成長・発達・個人差・性格・保育・教育などについての知識をふまえ，実際の子どもの姿を知ることが実習の第1の目標である。

　実習生に積極的に関わってくる子どももいれば，全く関わってこない子どももいる。子どもは一人ひとりが全く異なる存在であり，個人差が大きい。実際に個人差はどのような場面で，どのように表われているのかを注意深く観察して対応する中で，子どもの姿を理解していくのである。指導案の作成や教育技術，教材などによる指導法に目を奪われがちであるが，今そこにいる「子ども」を理解できなければ指導計画も立てられるはずはない。子どもの理解を深めることは，個々の発達や個人差に応じた子ども主体の教育が見えてくることでもある。

(2) 幼稚園教諭の役割を理解する

　幼稚園教諭の仕事は，一見，子どもとの関わりだけのように感じられるが，幼稚園の運営にあたって，様々な園務を共同で受けもっている。そのため，幼稚園教諭の役割は，広範かつ複雑である。

　以下に示すのは園務分掌の一例である（図1－2）。具体的には，各幼稚園教諭がこれらの仕事を分担し，年間を通して行うのである。担任は，クラスを運営する際，子どもとの関わりや環境整備だけでなく，日々の記録や諸帳簿，連絡帳への記入，クラス通信の作成なども仕事である。このように，様々

な仕事が関係し合って行われているため,実習で体験することは,幼稚園での教育の営みを理解することにもつながる。

(3) 幼稚園の営みを理解する

　多様化する社会の中で,幼稚園が,幼児教育センターとしての子育て支援機能や『親と子の育ちの場』としての地域の子育て支援センターとしての役割を果たすことが求められている。現在,いわゆる「2歳児保育」や満3歳になった時点からの入園,「預かり保育」なども実施され,幼稚園の役割が多様化してきている。実習では,このような幼稚園の実態についても見聞を広め,学びを深める。

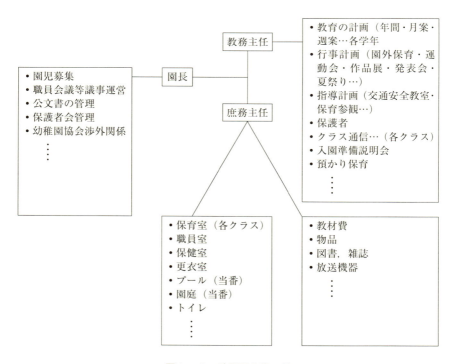

図1-2　幼稚園分掌の例

Ⅰ　実習総論

(4)　自己を理解する
　実習で実際に子どもの活動に携わった際，自分が思い描くとおりにできるとは限らない。むしろ，できないのが当然といえる。想定できなかった困難な場面に遭遇し，多くの失敗や挫折を体験することも実習であり，失敗から得た反省と課題を次の機会に反映して再挑戦していく忍耐強さが必要である。
　実習の中で自分を見つめ直し，客観的に自分自身を知り，将来の幼稚園教諭としての自分を現実的に見極めていくことも，実習の大きな目標のひとつである。

5）実習の内容

　教育実習は，一般的に次のような段階があり，各段階をふまえて順次行われていく。

(1)　見学実習
　見学実習は，教育実習の第1段階であり，幼稚園とはどのようなところであるかを見学することが目的となる。指導実習に入る前に見学実習を行うことで，幼稚園に対するイメージが具体的になる。実習中は，子どもの生活や幼稚園教諭の子どもへの関わり方，活動の流れ等を見学することで，第三者的に教育を体験する。この段階では，実習生からの積極的な働きかけは避け，子どもたちの生活の邪魔にならないように注意する。
【見学実習の留意事項】
・園舎や園庭，遊具の配置・機能などについて把握する
・一日の幼稚園生活の流れを理解する
・疑問点をまとめておく

(2) 観察実習

　観察実習は，実習の第2段階であり，見学実習をふまえてさらに意識して教育を「観る」段階である。実習にあたっては，実習生が活動に直接関わる場合と，関わらない場合があり，実習園によって異なる。事前に，観察場所を確認し，メモが可能であるか，子どもとどの程度関わってよいか等，実習担当者の指導を受けながら進めていく。

【観察実習の留意事項】
- 一人ひとりの子どもの行動を観察し，個人差があることを理解する
- 幼稚園教諭の子どもへの対応の仕方を学ぶ
- 始まりと終わりの挨拶など，細かい部分についても観察し，メモをとる
- 幼稚園教諭の仕事の内容について知る
- 日誌を書くことを考えながらメモをとる
- エピソードは，後でわかるように要点を書く

(3) 参加実習

　参加実習は，実習の第3段階であり，見学・観察実習で理解したことをふまえ，積極的に活動に参加していく体験的な実習である。実習生が自分で判断して子どもと関わることが要求される。子どもと直接関わって遊んだり，生活の中で必要な援助をしたり，時には手あそびや絵本の読み聞かせ等の活動を単発的に行ったりする等して，子どもについての理解を深める。また，実習担当者の業務の手伝いをしながら仕事を学ぶ。幼稚園生活の流れに乗りながら積極的に子どもと関わり，時にクラス担任の視点で援助の仕方を学びながら，適切な活動の参加ができるように動けることが望ましい。

　このように，この段階から実習生は二つの立場を有することになる。一つは，活動を子どもとともに行うことであり，もう一方では，クラス担任の助手になることである。実習目標である「子どもの理解を深める」ことや「幼稚園教諭の役割を理解する」ことにより，幼稚園での教育の営みを積極的に体感していく段階である。

【参加実習の留意事項】
- 子どもに積極的に関わり，接し方を工夫する
- クラス担任の手伝いを行う者として，次にどのような動きをしたらよいか予測する
- 子どもの名前の呼び方を確認する「〜さん」や「〜ちゃん」等，クラス担任の呼び方を聞いて覚える
- クラスで歌っている歌の曲名やクラス担任の演奏法，読み聞かせの絵本や紙芝居の内容などを把握する

(4) 指導実習

　指導実習は，見学実習や観察実習，参加実習と段階を経て行ってきた実習の総まとめ的な段階である。実習生がそのクラスの活動の計画と実践を1人で行うもので，基本的に実習担当者の手助けはない。したがって，計画どおりに進まず，予想外の状況に展開していく場合もある。しかし，そのすべてが学習であり，1人で行う体験を通して経験を積み重ねていくのである。誰しも初めからうまく進められることは少ないが，常に学ぼうとする真摯な態度が重要である。

①部分実習

　部分実習は，一日の園生活をいくつかの部分に分けて実習を行うことである。「朝の受け入れ」から「朝の集まり」，または「製作」や「運動あそび」等の「課題活動」など，一日のある特定の時間が対象となる。

【部分実習の留意事項】
- 指導案（部分案）を作成しておく
- 実習後はふり返りを行い，実習担当者から指導を得て次の指導実習に生かす

②責任実習〔半日・全日（一日）実習〕

　午前，あるいは午後の半日だけ行う半日実習と，登園から降園まで行う全日実習がある。半日，あるいは1日を通した指導案を作成し，実践する。とくに，全日（一日）実習の場合には，子ども一人ひとりの把握とクラス全体の把握，登園から降園までの生活の流れ，環境構成，主活動の取り組み，実習生の援助など，これまでに学んできた理論や見学実習，観察実習，参加実習，部分実習で経験してきたことを総括し，実践することになる。安全配慮とともに，楽しく生活が送れるように工夫することが求められる。

【半日・全日実習留意事項】
- 指導計画は何度も実習担当者に見せ，助言を仰ぐ
- クラスの子どもたちの心身の発達の特徴をよく理解しておく
- 運動能力（片足跳び，スキップ等）や手先の器用さ，のりやはさみ等の生活経験の実態を把握しておく
- 屋外の活動の場合は，雨天によりできなくなることも想定して，別の計画も用意しておく
- 目の前の子どもの様子に留意しながらすすめる
- 降園までが実習である。主活動終了後も気を抜かないように心掛ける
- 自分自身の体調管理を怠らないようにする
- 終了後，園長や主任，実習担当者からの指導や助言は素直に受けとめ，わからないところは再度質問をする

6）実習の評価

　実習の評価は，実習生が行った活動や実習に対する姿勢などについて客観的にふり返り，今後の学習課題を明らかにするために行うものであり，幼稚園教諭としての資質や技能を向上させていくための指標となる。評価には，(1)実習園の実習担当者が行う評価，(2)学生自身が行う自己評価，(3)養成校の実習担当教員が行う評価がある。

評価段階には，100点満点で素点を記入するものや，「1.よくできた　2.普通　3.努力が必要　4.不合格」，「A.非常に優れている　B.優れている　C.適切である　D.一部努力を要する　E.努力を要する」など，4～5の項目から選択するもの，チェック式「□実習生として優れている　□実習生として適切である　□実習生として努力を要する」等，養成校によって様々である。

(1)　実習園が行う評価

　養成校が作成した「実習評価票例（資料1－2）」に基づいて，総合的に評価される。評価の項目は，一般的に次のようなものがある。
- 実習態度に関する評価
　挨拶，言葉使遣い，服装，身だしなみ，健康管理，積極的な行動，協調性
- 保育に関する評価
　子どもの発達の理解，子どもの個性の理解，子どもの活動の理解，子どもへの関わり，保育技術，指導の受け入れ，自己課題の明確化
- 実習記録（日誌）の内容
　見やすさ・誤字脱字，内容の適切さ，実習担当者からの助言
- 総合評価
　実習の目的や課題の自覚，実習への意欲，積極性

(2)　自己評価

　実習を終えてから学生自身が実習体験のふり返り，実習のねらいに即して自己点検，自己評価を行い，達成度と今後の学習課題を明らかにする。

　実習体験から学んだことを整理し，自分なりの素直な思いを記すことを心がける。成績ではないので良い点をつける必要もなければ，遠慮して極端に悪い点をつける必要もない。自分を「保育者」として向上させていくためのものとなるよう，自分を真に客観視してほしい。自己評価票の書式や様式，評価項目は養成校によって異なる（資料1－3）。

(3) 養成校が行う評価

　実習園からの評価と，実習生から提出される実習記録（日誌）や自己評価票，報告書，事前学習の取り組み等を総合して判断される評価である。評価から自己の課題を見いだし，残された学生生活の中でさらに学びを深めていくことが必要である。しかし，自分の納得いかない評価を受けることもある。その場合には，養成校の実習担当教員に問い合わせてみるのもよい。自分の思いや考えが独創的，独断的であったり，保育現場の流れに沿っていなかったこともある。実習生も重要な人的環境の一部であるため，子どもに与える影響なども評価から知ることができる。

　各評価を真摯に受け止め，改めて自己を見直すことは非常に重要であり，意義がある。それらをふまえた上で教養を深め，人間性を磨き，保育者としての資質の向上に努め，さらに魅力のある「保育者」となることを目指してほしい。

資料1-2　実習評価票例

実　習　評　価　票

学籍番号　　　氏名

1．実習園名

2．園長名

3．実習期間

　　　　　年　　　月　　　日（　　）～　　　月　　　日（　　）

4．評価項目と評価

I	態　　　度			
1	挨拶・言葉使い	3．優れている	2．適切である	1．努力を要する
2	服装・身だしなみ	3．優れている	2．適切である	1．努力を要する
3	健康管理	3．優れている	2．適切である	1．努力を要する
II	保育に関する評価			
1	幼児の発達の理解	3．優れている	2．適切である	1．努力を要する
2	幼児への関わり	3．優れている	2．適切である	1．努力を要する
3	保育技術	3．優れている	2．適切である	1．努力を要する
4	実習記録の記入	3．優れている	2．適切である	1．努力を要する
5	実習担当者からの助言	3．優れている	2．適切である	1．努力を要する
6	指導の受け入れ	3．優れている	2．適切である	1．努力を要する
7	自己課題の明確化	3．優れている	2．適切である	1．努力を要する
III	総合的な評価			
1	実習目的や課題の自覚	3．優れている	2．適切である	1．努力を要する
2	実習への意欲	3．優れている	2．適切である	1．努力を要する
3	積極性	3．優れている	2．適切である	1．努力を要する

資料1-3　自己評価票例

自　己　評　価　票

学籍番号　　　　氏名

　自分の実習内容や実習態度をふり返り，以下の項目について，A（非常に良い）・B（良い）・C（普通）・D（反省を要する）・E（非常に悪い）の中から一つ選んで○印をつけましょう。D・Eの場合は，備考欄に反省点を具体的に記入してください。

	評　価　項　目	評　　　価	備　　考
1	実習の準備	A　B　C　D　E	
2	健康管理	A　B　C　D　E	
3	子どもから学んだもの	A　B　C　D　E	
4	幼稚園教諭から学んだもの	A　B　C　D　E	
5	幼稚園教諭から受けた注意	A　B　C　D　E	
6	実習日誌の記録	A　B　C　D　E	
7	今後の自己課題	A　B　C　D　E	

【実習先の先生から注意・指導を受けた事柄とその内容】

【自己課題】
①今回の実習から得られた課題

②次回へ生かそうと思うこと

1) 施設実習の目的と意義

　施設実習の目的は，施設の利用児・者に対する理解を通じて，福祉の理論と実践の関係について習熟することにある。

(1) 実習の目的

　児童福祉に従事する者は，人間としてのあたたかさや豊かな情操と確かな倫理観をもち，豊富な教養と研鑽を積んだ専門知識に基づいて，福祉サービスを実践したり，計画・選別していく能力が必要である。そこで，施設実習は，児童福祉の現場において，即戦力となる実践力や，福祉サービスを企画・実施できるための広い視野を養うことを目的にして計画されている。

　したがって，施設実習では，専門知識や専門援助技術のほか，関連内容の理解を深め，それらを実際に活用して，援助を必要とする子どもたちや利用者に対する業務に必要な資質や能力，技術を修得してもらいたい。また，職業倫理を身につけて，児童福祉従事者としての自覚に基づいた行動ができるようにすること，さらに，具体的な体験や援助活動を専門援助技術として理論化・体系化し，他の専門職との連携を積極的に図っていく等の幅広い能力を身につけてもらいたい。

　実習は，福祉を学ぶ上で貴重な機会となるので，十分な学習と準備をして臨むことが必要である。

　社会福祉援助職の支援の方向性は，従来の専門化されたスペシフィック（特定の，専門分化された）ものから統合化という意味のジェネリックなものへと変化している。施設実習では様々な種別の実習先から，特定の1か所で行うことになるが，「どのような利用者に対しても同様の視点で支援すること

ができる」よう包括的に，統合化しながら学んで欲しい。

(2) 施設実習の意義

　施設実習の意義は，施設の立場を考慮し，体験を通して援助の理論と技法に関する総合的理解に努めながら，学生自らの課題を明確化し，自らの人間観や福祉観を確認・再構築すること，そして，実習を通して出会う子どもたちや利用者の方々の年齢や個性，生活環境の特性を越えて，人間に対して援助・支援を行うときに重要となることは何かをくみ取ることにある。

　学生として学習すべきことは，「学内での講義や演習を通して，理論や知識，技能を獲得すること」と，「それらに基づく実践活動を通しての経験的知識の獲得と実践への応用力を育成すること」である。

　実習は，後者を獲得する方法となり，児童福祉の従事者や現場の指導者を目指す者にとっては，次のような重要な意義をもつ。

① 実習を通して出会う利用児・者と直接関わりながら，これまで学習してきた理論や知識・技術を実践に応用し，理論と実践の関係を深化・発展させていくことである。具体的には，利用児・者のニーズや課題を正確に把握して，実際の援助活動が可能となるよう，その基礎を身につけることと，そのための知識や技術を，職員の方々から学んでいくことにある。そして，反省し，自らの今後の課題を明確化することである。

② 施設の利用児・者と直接関わり合いながら，一人ひとりの状況や職務内容，施設そのものを経験的に理解していくことである。これは，学生自らの人間観や保育観，福祉観を確認し，再構築していくことでもある。つまり，これまで学習してきた事柄に，自らの実体験を加えて，「人が生きること」や「人が育つこと」，「人の幸せ」という問題を熟考することである。

③ 利用児・者と職員との人間関係に基づく生活の場である施設の立場を理解することである。なお，障がい児・者施設は，治療やリハビリテーション，各種訓練を通して，利用者自らの可能性を開拓して自己実現に向か

おうとする場でもあるため，利用児・者や職員にとって，実習生を受け入れるのは，将来の質の高い福祉の担い手育成に対する期待を抱いているからである。そして，ノーマライゼーションの思想に基づいて，広く世の中に，施設の現状を正しく認識してもらうとともに，課題を共有してもらうために重要な意義がある。

このようなことから，施設実習は，児童福祉従事者としての適性を高めていくための重要な学習の機会といえよう。

2）実習の方法

施設実習は，大学および養成校指定の施設において，規定の時間の実習を行う。中でも，子どもを対象とした施設実習では，乳児院，母子生活支援施設，障害児入所施設，児童発達支援センター，障害者支援施設，指定障害福祉サービス事業所（生活介護，自立訓練，就労移行支援または就労継続支援を行うものに限る），児童養護施設，児童心理治療施設，児童自立支援施設，児童相談所一時保護施設または，独立行政法人国立重度知的障害者総合施設のぞみの園において行うことができる。

また，具体的な実習の方法としては，見学実習・参加実習・指導実習の3つの方法がある。

(1) 見学実習

見学実習の目的は，福祉施設における活動や利用児・者の生活を概括的に理解し，その中で施設職員としての任務を知ることである。また，あるがままの姿を知った上で，次の実習段階への意欲を高め，実習をより充実したものにすることが求められる。

よって，見学実習では，施設の物的・人的環境を見学し，施設の実態を全体的に把握することが大切である。

見学実習の内容を，以下に列挙してみる。
① 実習施設に対する一般的理解を深めること
　(ア) 施設開設期における社会的ニーズ
　(イ) 歴史的沿革
　(ウ) 現在の社会的ニーズへの対応
　(エ) 施設の理念
② 利用児・者について理解すること
　(ア) 利用児・者数とその年齢別，性別，組編成など
　(イ) 利用年数，心身発達状況，障害の程度
　(ウ) 家庭的背景
③ 人的環境について把握すること
　(ア) 職員数とその構成，職務分担状況
　(イ) 勤務形態と労務管理の現況
④ 物的環境について把握すること
　(ア) 施設の地理的位置，概観，敷地
　(イ) 施設のもつ機能を配慮した物的環境（設備）
⑤ 利用児・者居室（寮舎）の運営状況を学ぶこと
　(ア) 利用児・者の発達段階や障害の程度などを考慮した居室の配置と構成
　(イ) 居室の災害対策
⑥ 支援のあり方について知ること
　利用児・者に対する支援は，それぞれ専門職員によって，日常生活面，教育訓練面，治療矯正面などが，個別的，あるいは集団的に進められていることを学ぶ。
⑦ 施設外との関連について理解すること
　利用児・者の通所の状況や施設と家族との結びつきを学ぶとともに，施設に対する地域社会の協力参加の状況や施設の地域社会に対する役割の状況を知る。

(2) 参加実習

　見学実習における施設やその利用児・者についての理解を基盤にして行われる参加実習では，実習生が体験的に施設と利用児・者に接し，その支援活動に加わることを実践する。しかし，この段階の実習は，あくまでも実習担当者の指示に従い，助手的立場で養護に従事することを目的とする。

　参加実習のねらいは，施設の生活に参加して，利用児・者の実態を観察し，生活の諸活動の場面における利用児・者の活動や行動を理解する。また，職員の諸活動についての理解も深めていく。

　参加実習の内容を，以下に列挙してみる。

① 施設の生活のリズムを理解する。利用児・者とともに行動しながら，1日の生活の流れを体験的に学ぶ。

② 職員の職務内容について理解する。
　(ア) 利用児・者支援のための環境の整備
　(イ) 生活指導の実際についての援助技術の体得
　(ウ) 衣生活（衣服の管理，補修，洗濯，寝具の管理）の支援状況
　(エ) 食事指導（食事の準備，調理内容，調乳，離乳，間食）
　(オ) 居室や寮舎の管理（構成，広さ，通風，採光，備品）
　(カ) 健康管理（入浴，衛生，薬品，病気やケガの処置）
　(キ) 保育および教育についての教材，遊具，学用品，通学用具に対する配慮
　(ク) 自由あそび，クラブ活動，予習・復習，レクリエーション等の余暇指導
　(ケ) 記録票をはじめとして，送られてきた書類や提出報告書類の処理方法，各種日誌や記録の書き方など，施設職員としての事務処理

③ 施設内の各職員との協力体制について理解する。

　施設運営や児童の支援は，保育士をはじめ児童指導員や生活支援員，職業指導員，医師，看護師，心理療法担当職員，理学療法士，作業療法士，栄養士，調理員，事務職員，教員などとのチームワークが必要であり，こ

れらの職員との連絡，協調について学ぶ。
④　ケースについて研究する。

　ケースの研究は，指導担当者の十分な理解を得なければならないことであるが，記録票や記録などを読むことによって，その利用児・者の生活歴や支援方針を知ることができ，その利用児・者をより深く理解することに役立つ。

　しかし，利用児・者のプライバシーに関する問題は，慎重さが求められ，記録類を取り扱うときは好奇心で読んだり複写したり，また，秘密をもらすことは絶対にあってはならない。

　児童福祉法には，保育士の秘密保持義務（法第18条－22）が明記されており，全国保育士会倫理綱領にも秘密保持がふれられている。実習生が，施設の行き帰りの交通機関の中で，利用児・者について話すなど何気ない行動も守秘義務違反にあたる。また，園内外の無断撮影やインターネット上への掲載も情報の漏えいにあたる。利用者の権利擁護や人権尊重の精神を十分理解し実習を行わなければならない。

(3) **指導実習**

　指導実習は，これまでの見学・参加実習のそれぞれの段階を積み上げた仕上げの実習である。すなわち，実習担当者の指導のもとに，自ら計画を立案し，部分的あるいは全体的援助を行い，評価・反省を行うものである。しかし，利用児・者へのサービス提供，支援の責任は，実習担当者であることを忘れてはならない。

　また，この実習を経験することで，実習生自らが，職務に対する意識と熱意を高揚してもらいたい。

①　援助計画を理解する。

　(ア)　利用児・者の発達段階や年齢に対して，どのような配慮がなされているか。

　(イ)　個々の利用児・者のもつ問題に対応する支援計画や日常的支援，専

門的支援はどうなっているか。
② 支援プログラムの立案をする。
　(ア)　日常的支援の時間配分はどうなっているか。また，生活，教育，訓練，治療などのうち，何に重点がおかれているか。これらを，支援プログラムの中にどのように生かすか。
　(イ)　施設の支援計画と実習担当者の方針を理解し，その助言を受けて立案する。
③ 支援プログラムによる援助実践をする。
　(ア)　実習担当者の事前の助言，実習場面の立ち会い，事後の批評などを受ける。
　(イ)　利用児・者の心身の状況によって，臨機応変に援助実践に取り組む。
　(ウ)　安全に関しては，常に十分な配慮をする。
　(エ)　実践後の整理・確認をする。
④ 施設職員の態度と技術を習得する。
　(ア)　職員は，常に利用児・者と接し，行動をともにしながら，受容と共生という人間的ふれあいの中で信頼関係を作りあげる努力をしており，この関係を体得する。
　(イ)　他の専門職員とチームを組み，保育，教育，訓練，治療など，必要な援助を機能的に行っている職員の態度や技能を学ぶ。
　(ウ)　職員会議や寮舎会議，ケース検討会などを通して，職員同士の意思疎通が図られ，施設全体の援助方針，利用児・者の個別援助方針，寮舎の運営方針などが，どのように設定・調整されているかを学ぶ。
　(エ)　利用児・者の権利擁護を進めるために，どのような取り組みが行われているのかを学ぶ。
　(オ)　利用児・者の自己決定を実現するための支援は，どのようになされているか，援助計画の中に，どのように利用児・者の参加を進めようとしているのかを学ぶ。

実習先施設が参加実習と異なる種別の場合には，実習内容を広げるという点から以下の事項をあげる。

⑤ 多様性と共通性を理解する
  (ア) 種別の違いは，それぞれのサービスを利用する利用児・者の違いである。基本的なニーズが異なることで対応するサービスやサポートシステムが違ってくるので，この点を具体的に学習する。
  (イ) 種別ごとの特徴と種別を超えて共通する課題の存在，施設での実践を通して学習する。

施設実習でのねらいは，施設の活動内容の各領域とその全体を理解し，個々の指導技術を実践の場で習得する。そして，福祉従事者としての意識を高め，全般的な技術に習熟する。

3）実習の目標

施設実習では，大学や養成校指定の施設や機関を実習施設とし，社会福祉のニーズに応じた適切な援助技術の用い方と評価の方法を学ぶことを目標としている。

つまり，実習の目標は，施設の社会的役割や機能，福祉の対象としての施設利用児・者と，援助側の施設職員の支援活動を実態に即して理解するとともに，福祉従事者の役割やその職務内容，養護技術を学ぶことである。

したがって，施設の設置目的，理念と特色，年間行事計画と週間計画，日課，建物の構造と配置，居室や設備の様子，定員と在籍者数，職員の組織と職種，勤務形態について理解したり，利用児・者の年齢，入所理由，入所期間，家族状況，心身の発達状態，障害程度などについても，個別に理解してもらいたい。また，利用児・者の日常生活における基本的生活習慣の形成，生活技術の習得，および社会性の涵養を目標とする領域，基本的な身辺自立としての日常生活動作（ADL；Activity of Daily Living）の自立を目標として，移動や食事，排泄，着脱衣，入浴などの援助を必要とする領域，社会生活上の

不適応行動を現している利用児・者に対する治療的支援を目標とする領域での職員による養護活動，養護技術，他の職種との組織的協力体制を，実際の体験を通して学ぶことも大切である。そして，地域社会や施設，学校との関係について理解してもらいたい。

4）実習の内容

　実習施設の指導に従い，実習の目的および目標，個別実習課題の達成を目指す。限られた実習期間で，より大きな学習成果をあげるには，実習の目標と内容を十分に把握しておくことが大切である。施設には，種別と専門性があり，また，施設ごとに伝統や個性があるため，それぞれに異なる実習プログラムが用意されている。実習施設の特性に応じて，目標を達成するためには，実習生自身の課題設定も重要となる。

　課題設定にあたっては，まず，実習生一人ひとりが問題意識をはっきりさせなければならない。そこで，以下に実習の基本的な内容を，目標に照らし合わせて述べておく。

(1) 利用児・者の理解
　① 利用児・者との生活を通して，対象者の理解を深める。
　　利用児・者と生活を共にする中で，生活場面を通して，対象者の理解を深める。集団生活の場面にも注目し，発達段階や生活課題などを踏まえながら，対象者のニーズについても考察する。
　② 利用児・者のとらえ方を深める。
　　適切な援助を行うためにも，利用児・者のとらえ方について深めることが大切である。利用児・者の行動の背景を探り，多面的な理解を進める。また，援助活動においては，「受容」と「共感」が重要であるので，実習中の様々な場面から，その意義を理解する。
　　対象者をより深くとらえ，援助に生かすためには，ケース研究が有効で

あるが，実習生の立場でケースを知ることについては制約がある。したがって，実習中，幸いにもケース研究の機会に恵まれた場合には，真剣に学習してもらいたい。その際，守秘義務は，必ず守らなければならない。

(2) 養護活動と養護技術の理解
① 各施設の目標にそった養護活動の実際を理解する。
「活動」とは，施設で行われる利用児・者への専門職による実践活動のことであり，それぞれの施設では，種別や専門性により，「養護」「療育」「治療」など，独自の目的がある。その内容については，実際の展開を通してしっかり理解していきたい。

通所型施設や入所型施設における生活を通じての支援の実際を理解するとともに，集団への支援および個人への支援がどのように行われているかを理解する。また，事前に学んできた一般的，普遍的な理論が，各施設でどのように具体的に展開されているかを学び，理論と実践との関連を理解する。
② 職員の職務内容や役割について理解する。
職務の実際に触れ，自らも参加体験することを通して，福祉施設従事者の職務内容や役割について理解する。
　(ア) 生活支援の意義とその具体的内容，配慮事項の理解
　(イ) 利用児・者の発達支援および自立支援の意義とその具体的内容，配慮事項の理解
　(ウ) 健康管理，保健・衛生面への配慮事項の理解
　(エ) 職員の役割，利用児・者との関係の理解
　(オ) 書類や記録などの事務処理の理解
③ 技術を学ぶ。
授業や演習で学んできた理論に基づく技術が，どのように実際に展開されているかについて，職員の方の技術を観察しながら学ぶとともに，職員の方に指導を仰ぎながら実践していく。そして，より適切な技術習得をめ

ざして，評価や反省を行うことが大切である。

(3) 施設の理解
① 施設の役割と機能についての理解
　施設の役割や機能，目的について，事前に把握・理解しておくとともに，実習では，それらの実際への展開を具体的に学ぶことが重要である。
　　(ア) 施設の目的，沿革，物的環境の理解
　　(イ) 利用児・者数，年齢構成，居室やグループ構成の理解
　　(ウ) 職員数，職員構成，勤務体制の理解
　　(エ) 各種専門職種間の職務分担と連携，チームワークについての理解
　　(オ) 施設のプログラムの理解
　　(カ) 地域社会や関連他機関（行政機関，教育機関，医療機関など）との関係と連携の理解
② 体験的理解と施設観の意識改革・再構成
　施設での生活体験を通して得られる「施設」および「利用児・者」への具体的理解は，実習生の施設観や福祉観，人間観を見つめ直させ，意識改革・再構成していくことにつながる。

(4) 自己啓発と深化する福祉観の理解
① 実習での体験や学びをもとに自己啓発を進める。
　実習を通して得た貴重な体験や学んだ内容に基づいて，実習生が自分自身をふり返ることにより，実習体験は，さらに有益なものになる。つまり，実習体験の中から，自分自身を見つめ直すとともに，今後の課題を明らかにする。
② 福祉の現場に触れることにより，福祉観や援助観を深化させる。
　実習を通して，これまで机上の学習に基づいて形成されていた福祉観や援助観を，さらに深めることができる。地域社会に開かれた施設やノーマライゼーションの理念が，どのように具体化されようとしているかを学ぶ

とともに，利用児・者の人権尊重，守秘義務の徹底といった福祉専門職としての倫理の尊重，実践への反映を学び，今後の課題について考えを深めていく。

5）実習の評価

　実習の評価は，大学が作成した成績評価票によって，実習施設にも行ってもらう。実習時の評価の主なものを，以下に列挙してみる。

(1)　基本的知識の理解・習得の状況
　①　施設の目的・機能の理解
　②　実習した職種の業務内容に関する理解
　③　利用児・者の課題・ニーズに関する理解
(2)　基本的実践技術・技能の習得状況
　①　利用児・者に対して共感的・理解的に接する技能
　②　場面や相手に応じた，ふさわしい対人関係を形成する能力
　③　実習記録（日誌）を的確に作成し，活用する能力（観察力・分析力・記述力も含む）

(3)　実習態度の状況
　①　仕事上の責任を果たす態度（出退勤の時間・規則の遵守など）
　②　積極的・主体的に職務内容を習得しようとする態度
　③　利用児・者に積極的に関わろうとする態度
　④　利用児・者の人権・人格を尊重しようとする態度
　⑤　実習指導職員の指導・助言を積極的に求めようとする態度
　⑥　他職員（他職種も含む）と協同しようとする態度
　⑦　自分自身の性格および行動傾向について，自己洞察する態度

施設実習における成績評価票の例を，資料1－4，1－5で示す。

［文献］
- 厚生労働省雇用均等・児童家庭局長：指定保育士養成施設の指定及び運営の基準について，2018.
- 『児童福祉法』(2017)
- 福田真奈・五十嵐淳子編：保育・教育・施設実習，大学図書出版，2018.

資料1-4　施設実習　成績評価票（例1）

施設実習　成績評価票

_____学科
第　　学年　学籍番号（　　　　　）　　　氏名　　　　　　　　　施設名　　　　　　

実習期間	実習日数	欠席日数	遅刻回数		施設長印	指導担当者印
				日		
			早退回数	日		
			公休	日		

評価項目	評価 優 5・4	良 3	可 2	不可 1
A．基本的知識の理解・習得の状況				
①施設の目的・機能の理解	5　4	3	2	1
②実習した職種の業務内容に関する理解	5　4	3	2	1
③施設利用児・者の課題・ニーズに関する理解	5　4	3	2	1
B．基本的実践技術・技能の習得状況				
④利用児・者に対しての共感的・理解的対応技能	5　4	3	2	1
⑤場面や相手ごとに，ふさわしい対人関係を形成する能力	5　4	3	2	1
⑥実習日誌を的確に作成し，活用する能力（観察力・分析力・書き方も含む）	5　4	3	2	1
C．実習態度の状況				
⑦仕事上の責任を果たす態度（出退勤の時間・規則の遵守など）	5　4	3	2	1
⑧積極的・主体的に職務を習得しようとする態度	5　4	3	2	1
⑨利用児・者に積極的に関わろうとする態度	5　4	3	2	1
⑩利用児・者の人権・人格を尊重しようとする態度	5　4	3	2	1
⑪実習指導職員の指導や助言を積極的に求めようとする態度	5　4	3	2	1
⑫他職員（他職種も含む）と協同しようとする態度	5　4	3	2	1
⑬自分自身の性格および行動傾向について，自己洞察しようとする態度	5　4	3	2	1

総合所見	
総評	5　　　4　　　3　　　2　　　1

注）評価・総評は該当の項を○で囲んでください．

I 実習総論

資料1-5 施設実習 成績評価票（例2）

施設実習成績評価票

実 習 の 種 類			
実習生：	学科　年　番　氏名		
施設名	施設長名		印
	指導担当者名		印
実習期間　年　月　日～　年　月　日		実習日数　日	欠席日数　日

評価項目（該当する数字に○印をつけてください）			優秀　普通　劣る
利用児・者 との関係	態　度	・すすんで指導・援助をしたか ・実態を全般的に観察できたか ・積極的に関係を作っていたか	5　4　3　2　1 5　4　3　2　1 5　4　3　2　1
	理　解	・利用児・者の問題を理解していたか ・個々の問題に対応していたか ・利用児・者のニーズを理解できていたか	5　4　3　2　1 5　4　3　2　1 5　4　3　2　1
職員との 関係	態　度	・積極的に協力したか ・積極的に指導を受けていたか ・指導や助言などを素直に受けたか	5　4　3　2　1 5　4　3　2　1 5　4　3　2　1
	理　解	・協力や連携の仕方は適切であったか ・職種による役割を理解したか	5　4　3　2　1 5　4　3　2　1
指導・援助 について	技　能	・個々の問題に対する指導・援助ができたか ・状況に応じた指導・援助ができたか ・指導・援助の技術は適切であったか	5　4　3　2　1 5　4　3　2　1 5　4　3　2　1
	観察・ 記　録	・客観的な観察ができたか ・利用児・者の全体像を把握できたか ・利用児・者の総合的な記録ができたか ・実習内容が整理されているか	5　4　3　2　1 5　4　3　2　1 5　4　3　2　1 5　4　3　2　1
総合評価	優秀 　5　　　　4	普通 　3　　　　2	劣る 　1
総合所見（実習生に関する所見，注意事項，その他，お気づきのことをお書きください）			

57

II

実習前の準備と活動

1 実習施設の決定

① 養成校が実習施設に依頼する場合

　養成校が施設に依頼する場合は，事前に学生に希望調査をし，希望する施設やその施設への通勤状況などを参考に，指定の実習施設に学生を割り当てて実習の依頼を行う。内諾が得られれば，正式な依頼文書を送って依頼をする。

　事前の希望調査は，希望施設名と実習生の住所（実習時の住所），所有車両の有無，希望施設までの通勤方法と所要時間，出身園名（幼稚園・保育所実習の場合）などを把握できるよう実習施設希望調査票（資料2－1）を配布し，実習施設の割り当ての参考とする。

　公立の保育所や幼稚園で実習を行う場合，希望の園を卒園した者であったり，同じ地域の在住者であったりすると優先的に承諾をされる場合もある。また，養成校から市町村の実習担当者に実習希望学生を一括して申請し，市町村の実習担当者が各園の実習受け入れ状況から判断し，学生の配属園が決定される場合もある。

② 学生が依頼する場合

　自分の出身園や自宅から通勤可能な施設を探したり，養成校の先輩が過去に実習へ行った施設から実習施設を探し，電話をしたり施設を訪問したりして実習の依頼を行う。内諾が得られたら，養成校に実習施設名，連絡先，施設長名などを報告し，正式な実習依頼をしてもらう。

Ⅱ　実習前の準備と活動

2 実習生個人票（個人カード）作成

　実習施設に実習の依頼をする際，または実習関係書類を実習施設に送る際に，実習生一人ひとりが作成した個人票または個人カードを施設に提出する。実習生の写真を1枚貼り，名前・住所，取得中の免許や資格，特技や趣味，実習・ボランティア経験，実習課題などを記入する（資料2－2，2－3，2－4）。

　記入の際には，修正の無いように丁寧に書き込み，用紙を折り曲げないように丁寧に扱う。写真はできるだけスーツ（上）を着用（シャツは白色）して，華美な化粧はしないで撮影する。髪の色は，染めている場合，元の髪色に戻してから撮影する。髪が肩につく場合は，1つか2つに結び，前髪が長い場合にはピンで留めておく。ピアスやネックレス等は，すべてはずしておく。写真は，はがれないように端までしっかり貼り付けること（写真の裏に名前を書いておく）。3ヶ月以内に撮影したものが望ましい。

3 実習前の心得と準備

　実習で十分な成果をあげるためには，実習で何を学ぶかという明確な目的や目標をもって，事前に十分な実習の準備をしてから，実習に望まなければならない。
　基本的に必要な心得や準備について，以下に挙げる。

1）実習前の心得

(1)　健康上の不安がある場合には早めに受診をし，必要な治療を受けておく。

やむを得ない場合を除き，原則として欠席・遅刻・早退は認められない。
(2) 実習中の生活を考え，早寝早起きの生活リズムに前もって慣らしておく。朝食をしっかりと食べてエネルギーを確保し，生活のリズムを整えるようにする。
(3) 実習期間中は，アルバイトや習い事などはせず，実習に集中できるようにしておく。さらに，実習期間の前後もできるだけ実習の準備や実習記録のまとめ，体調管理などに取り組むことができるように，予定を空けておくことが望まれる。
(4) 手あそびや手軽にできるレクリエーションゲームは，乳幼児や利用者の関心を集め，早く親しくなるのに役立つ。折り紙は，子どもたちだけでなく，障がい児・者や高齢者施設での実習やボランティア活動などに役立つため，事前にレパートリーを増やして練習をしっかりしておく。
(5) 実習施設によっては，事前に細菌検査（検便）の結果や健康診断書，麻疹の抗体検査証明書の提出を求められる。指定どおりに提出できるよう，実施しておく。細菌検査や健康診断書は，養成校で実施するものを利用するとよい。実施期間の指定がある場合には，各自病院で実施することとなる。
(6) 実習前に不安になったときには，実習指導の教員に相談するとよい。

2）準備するもの

　実習が始まる前に，余裕をもって早めに必要なものを準備し，持ち物には，名前を書いておく。各施設よって，また，行事などにより，必要なものが違うため，事前訪問時に確認することが大切である。
(1) 実習着：動きやすく，学生らしいもので，ポケットのある服が望ましい。（各実習施設に確認し，ふさわしいものを着用する。）
(2) 名札：事前訪問時に各実習施設に確認し，適切なものを付ける。とくに指定がなければ，養成校から指示された名札を使用する。

例えば4×7cm程の白い布に，わかりやすく黒色マジックで名前（ひらがな）を書き，胸元や左腰上など，指定されたところへ糸で実習着に縫いつける。また，布やフェルトを使って果物や動物などを作り，その中に名前をつけて手作りの名札を付けるのも喜ばれる。安全ピンを使用する際には，取りつけに気をつける。

(3)　上履き：各施設への事前訪問時に，必要か確認する。下履きについても確認の上，脱ぎ履きがスムーズにできて活動しやすい運動靴を準備しておく。

(4)　印鑑：出勤簿捺印用（簡易なものでなく，朱肉を付けて押印するもの）

(5)　メモ帳：ポケットに携帯できる大きさ。

(6)　筆記用具：水がついてもにじまないようなものを選ぶ。所持のし方に要注意。ケガをしたり，させたりしないような配慮が必要である。

(7)　実習記録（日誌）

(8)　国語辞書〔実習記録（日誌）用。参考にすること。〕

(9)　エプロン・三角巾・マスク

(10)　箸・コップ・ランチョンマット，歯ブラシ等

(11)　帽子

(12)　健康保険証：写しでもよい。

＊実習先で宿泊をする場合，寝巻き，シーツ，枕カバーをはじめ，入浴や洗面，洗濯などの必需品（洗剤・洗濯用品）を準備する。また，施設から指示されたものがあれば，それらを用意しておく。

4 学内オリエンテーション

　実習生は，実習が始まる前に実習施設を訪問し，実習に向けてのオリエンテーションを行ってもらう。養成校では，この事前訪問よりも前に「学内オリエンテーション」を行う。

　実習の目的や自分なりの目標を再確認し，実習の内容や実習記録（日誌）の内容についても再度確認していく。また，事前訪問時に確認する項目を実習記録（日誌）を見ながらチェックしたり，実習施設でのオリエンテーション時の心得や留意事項，実習中の心得や諸注意，実習後に行う事後指導などについても聞いたりする。しっかりメモし，聞きもらさないようにすることが望ましい。

5 事前訪問（実習施設におけるオリエンテーション）

　実習生は，実習1カ月前〜2週間前程に事前に実習施設を訪問する。その際，施設の概要や教育・保育の方針，準備すること，実習内容，配属クラス・グループ，子どもたち・利用者の様子，実習生に望むこと等を聞き，実習開始日までに理解を深めて周到な準備をし，実習に臨むようにする。

1）日程の調整

　事前訪問日は，実習施設が訪問日時を指定する場合や養成校の授業の兼ね合いから，養成校が日時を決め，実習施設にお願いする場合がある。お願いした日に実習施設が行事や業務のため不都合な場合は，日時の変更の調整を

する。

　調整方法は，養成校から書類送付する場合と直接電話をして調整する場合がある。また，実習生が直接電話をする場合もある。

①養成校が実習施設に連絡する場合

　書類のやり取りで調整をする場合，養成校からは希望日時を伝える文書とともに，返信用書類と封筒を送付することが必要である。学生は，実習施設からの返信文書の掲示を各自で確認するか，実習施設ごとの一覧票で確認する（訪問日時の確認時期と事前訪問日の期間が長くあいている場合は，事前訪問１～２週間前には，学生自身が実習施設に日時や持参するもの等の確認をする電話をかけるとよい）。

②学生が連絡をする場合

　学生が直接電話をして日時の調整をする場合は，学生（複数の場合はリーダー）が実習施設に連絡をし，施設長または実習担当者と訪問日と時刻を相談して決定する。施設側の都合が悪い場合には，別の日時を指定されることがあるので，事前にいくつか候補日・時刻を確認しておくことが大切である。施設に連絡する前に，交通・所要時間などを調べ，訪問時刻を相談するとよい。また，当日の携行品についても併せて聞いておく。

◎電話のかけ方：基本的な言葉遣いは，社会人としての最低限のマナーである。事前に練習してからかけるとよい。可能ならば，同じグループの実習生が集まって電話をかけ，まわりで聞いている人は，リーダーが電話で話していることを注意して聞き，必要事項をメモするとよい。

電話のかけ方の例を以下に挙げる。

〔あいさつ・用件〕

- 「こんにちは。私は，○月○日から実習でお世話になります●●大学△△学科○年の□□□□と申します。事前訪問（オリエンテーション）のことで，電話をさせていただきました。［園長先生か実習担当の先生］はいらっしゃいますでしょうか。」

- 実習担当者に替わったら，再度，名前と用件を告げる。
- 「○月○日から実習をさせていただく●●大学の学生で□□□□と申します。よろしくお願いいたします。実習前の事前訪問させていただく件でお電話をいたしました。事前訪問をさせていただきたいと思いますが，ご都合のよい日時がありますでしょうか。」

〔時間の調整〕
- 「午前○時○分まで授業があり，それから大学を出ますので，（　　　　）時以降ですとお伺いできますが，いかがでしょうか。」
- 「その日，午後は授業がありませんので，（　　　　）時頃からお伺いできます。」

〔確認〕
- 「事前訪問するときに，持参するものがありますでしょうか。」

最後に，確認のために，「それでは，（2名以上で訪問する場合は，名前や人数も伝える）○月○日の○時にお伺いします。よろしくお願いいたします」というように，復唱して確認するとよい。

　訪問日時が決定したら，学生は（リーダーは，グループのメンバーに連絡し），訪問日時を養成校の実習指導担当教員（実習指導室）に報告する。
　訪問当日は，(複数の場合は全員そろって)指定された時間より少し早め（集合場所へ10分前集合，5分前待機）に集まり，約束の時刻に施設を訪問する。

2）事前訪問チェックリスト

　事前訪問（学外オリエンテーション）後，事前訪問報告書（資料2－5，2－6）を実習指導室または実習指導教員に提出する。また，実習へ行くまでに，事前訪問で聞いてきた内容を実習記録（日誌）に書き込んでおく。聞きもらしてしまい記入ができず，園に電話して聞いたり，再度園に聞きに行ったりすることは絶対にしてはならない。よって，実習記録（日誌）に書き込

Ⅱ　実習前の準備と活動

む事項はあらかじめチェックしておき，事前訪問時に自分から尋ねるようにする。

　事前訪問前の基本的なチェック項目を以下に挙げる。
　　　□オリエンテーション訪問日時　　　月　　日（　　）　　時　　分〜
　　　□実習施設までの交通機関と所要時間の確認
　　　□実習生同士の待ち合わせ時間と場所の確認
　　　□実習生同士の連絡先の確認
　　　□実習に対するねらいと抱負についての自己確認
　　　□服装（指定がない場合は，スーツを着用。派手なものは避ける。）
　　　□ヘアスタイル（長い髪は束ねる。カラーは元に戻す。）
〔持参品〕
　　　□上履き（スリッパは不可。事前に電話した際に上履きの要・不要を尋ねておく。）
　　　□実習記録（日誌）
　　　□筆記用具
　　　□国語辞典や幼稚園教育要領，保育所保育指針など
　　　□その他（　　　　　　　　　　　　　　　　　　　　　　　　　）
〔確認事項〕
　　　□実習施設の概要（方針・編成・環境など）
　　　□実習の心構え（出退勤時刻の確認）
　　　□実習期間中の行事予定
　　　□1日の流れ
　　　□事前に準備すべきこと
　　　　（季節の歌・手あそび・レクリエーションゲーム等）
　　　□実習時に持参すべきものの確認（　　　　　　　　　　　　　　）
　　　□食事の際の準備物（　　　　　　　　　　　　　　　　　　　　）
　　　□食事代，その他の必要経費の有無とその金額（　　　　　　　　）
　　　□出勤表の押印場所，実習記録（日誌）の提出場所（方法）などの確認

□出勤後の作業
＊事前訪問（オリエンテーション）終了後
　　□オリエンテーション報告書の提出〔実習生（複数の場合はリーダー）
　　→実習指導室〕

3) 実習施設でのオリエンテーション

　実習に先立ち，実習施設の沿革や概況について，また，日課や実習中の計画・心得・携行品・諸経費などについてのオリエンテーションを受ける。これらの内容は，オリエンテーション後に，実習記録（日誌）の「オリエンテーション」欄に整理して記入しておく。
〈オリエンテーション時の注意事項〉
(1)　**訪問時刻**
　　約束した時刻に遅れて行くと，実習への取り組みの姿勢が疑われる。約束の10分前には施設の近くへ到着して，5分前は待機できるように心がけ，決して遅刻をしてはならない。2人以上で訪問する場合は，最寄りの駅や施設の近くで待ち合わせをして，そろって訪問する。しかし，誰かが遅れたせいで，全員が遅刻することのないようにする。リーダーは，待ち合わせ場所の調整やその他，必要な事項の連絡を責任をもって担当すること。
(2)　**服装**
　　実習施設から"動きやすい服装"などと指定がない場合は，学生らしく華美でないスーツを着用する。
(3)　**身だしなみ**
　　髪を染めている場合は元に戻し，肩にかかる長い髪は束ねておく。前髪は目を隠すことのないようにピンでとめておく。爪は短く切り，マニキュアはしない。化粧は控え，香水はつけない。指輪やネックレス，ピアス等の装飾品は身につけない。カラーコンタクトレンズは使用しない。

Ⅱ　実習前の準備と活動

(4) 挨拶

　最初に挨拶と自己紹介をする。最初の挨拶は,「よろしくお願いいたします」,終了時は「ありがとうございました」等と,大きな声でハキハキと言う。施設内ですれちがう先生方や利用者の方にも,軽く頭を下げ,挨拶をする。また,道はゆずって,後から進むこと。さらに,施設内の廊下を走ったり,大声で話したり笑ったりして各部屋での活動の邪魔をしないようにすること。

(5) 態度

① 話を聞く態度は,相手の顔を見ながら話を聞き,要点をメモして聞きのがさないようにする。ただ聞いているだけでは,"態度が悪い,やる気が見られない"と悪い印象を与えてしまう。

② 了解した内容ついては,「わかりました」「はい」等の返事をして応答する。

(6) 確認事項

① 実習中に子どもたちが歌う曲やクラスや各部屋で流行っているあそびや手あそび,ゲームについて,あるいは気をつけていなければならない子どもについて等,積極的に質問する。できれば,乳幼児や利用者の名前を教えていただき,事前に呼び方を覚えておくぐらいの心がけがほしい。

② 指導実習について,実習日程や実習時間,担当内容の希望（例えば,季節に合った活動の指導やゲーム,レクリエーション活動などを実習担当者から指示される場合もある。）の話をする。指導実習の回数や指導案の提出日など,わかる範囲でなるべく具体的に聞いておくと,実習までに資料集めや準備をすることができる。

③ 実習前に聞いておきたいことやわからないことがあれば,遠慮しないで積極的に質問すること。「誰かがわかっているだろう」と,他の人を当てにしてはいけない。

④ 実習記録（日誌）に記入しなければならない内容は,聞きのがすこと

のないようにすること。
(7) 事前訪問終了後
① オリエンテーションの内容は，実習日誌の「オリエンテーションの記録」の欄に記入する。また，実習担当者からの指導や講話の内容は，「指導・講話の記録」の欄に記入する。その他，実習記録（日誌）の該当する欄にそれぞれ聞いてきたことを整理して記入しておく。
② 事前訪問終了後，事前訪問報告書（資料2-5，2-6）を実習指導室へ提出する。報告書は，実習指導担当教員の巡回指導が適切にかつスムーズに展開できるように，施設への略図と実習中の施設長の不在日を記入し，施設の要覧などを付けて提出する。

4）実習先までの行程確認

実習に際して，実習施設までの行程を確認する。指示されれば，実習中の通勤の方法を施設に報告する。

5）実習先までの略図作成と提出

指示があれば，全員，自宅から実習施設への通勤方法を具体的に記載し，養成校に提出しておく。
〔 例）徒歩（自宅→JR○○）→JR（○○駅-△△駅）→徒歩（○○園） 〕

6 実習の再確認

1）実習目標の再確認

　実習をより充実したものにするためにも，実習前に自分自身の目標や課題をより明確にしてほしい。事前訪問の際に，実習生一人ひとりの実習目標や課題などについて質問されることもある。また，事前学習の方法や内容などをしっかり聞いておき，十分な準備をして実習に望むようにする。
　これらの内容は受け身になって聞くのではなく，自分から積極的に尋ねるようにしなければならない。

2）実習前の準備チェックリスト

(1) 身だしなみ
　　□服装（動きやすく，清潔な服装。肩や腹，背中が見えないもの。裾が長すぎて引きずったりしないように気をつける。）
　　□ヘアスタイル（カラーは元に戻し，長い髪は束ねる。前髪で目が隠れないようにする。）
　　□爪（マニキュアは不可。ケガをさせないよう短く切っておく。）
　　□化粧（実習中はしない。香水はつけない。）
　　□指輪やネックレス等のアクセサリーは，つけない。
　　□携帯電話の使用は厳禁。電源を切っておく。

(2) 携行品
　　□実習着（実習施設からの指導を受けて許可されたもの）
　　□名札
　　□上履きと下履き

□実習記録（日誌）
　　□印鑑（朱肉をつけて押すタイプ）
　　□メモ帳
　　□筆記用具
　　□エプロン
　　□弁当（箸，コップ，歯ブラシ等）
　　□ハンカチ，ティッシュペーパー
　　□ハンドタオル
　　□帽子
・その他，実習先より指示されたもの
　　□〔　　　　　　　　　　　　　　　　　　　　　　　　〕
　　□〔　　　　　　　　　　　　　　　　　　　　　　　　〕

○宿泊しての実習の場合
　　□寝巻き
　　□シーツ
　　□枕カバー
　　□洗濯用具
　　□洗面用具
　　□入浴用具
　　□目覚まし時計
　　□スリッパ
　　□保険証コピー
　　□レポート用紙
　　□お金（食事代や冷暖房費など）
　　□雑巾
・その他，実習先より指示されたもの
　　□〔　　　　　　　　　　　　　　　　　　　　　　　　〕
　　□〔　　　　　　　　　　　　　　　　　　　　　　　　〕

資料2－1　実習施設希望調査票

実習施設希望調査票

〇〇大学

学 科 名				学部	学籍番号	

氏名：＿＿＿＿＿＿＿＿＿＿　男・女　生年月日：＿＿＿年＿＿月＿＿日生
現住所：〒＿＿＿＿＿　＿＿＿＿＿＿＿＿＿＿＿＿＿＿＿＿＿＿＿＿
電話番号：（＿＿＿＿）＿＿＿＿－＿＿＿＿＿＿＿
連絡方法：（携帯）：＿＿＿＿＿＿＿＿＿＿＿＿＿＿＿＿＿＿

保護者氏名：＿＿＿＿＿＿＿＿＿＿＿＿＿＿＿
住所：〒＿＿＿＿＿　＿＿＿＿＿＿＿＿＿＿＿＿＿＿＿＿＿＿＿＿
電話番号：（＿＿＿＿）＿＿＿＿－＿＿＿＿＿＿＿

希望施設	第1希望：	第2希望：

現在治療中の病気(病名)		出身園	

注1：幼稚園・保育所での実習の場合，出身園を記入すること。
＊自宅から実習施設までの通勤方法（徒歩・自転車・バス・電車など）やそれぞれの所要時間を具体的に書いて下さい。

第1希望　施設への通勤方法と所要時間

第2希望　施設への通勤方法と所要時間

資料２−２　実習生個人票

実習生について

施設名（　　　　　　　　　　　　）

実習の種類	見学実習・参加実習・総合実習	写真
施設の住所	〒 TEL	
学科・学年	学科　　　　年　　　　番	
ふりがな 氏　　名	年　　月　　日生　男・女	
現　住　所	〒 TEL	
緊急連絡先	〒 TEL	
クラブ活動	趣味	免許・資格
実　習・ ボランティア 経験など	時期	実習先・活動の場など

○○大学

資料2-3　実習生個人票（施設用）

実習生について（施設用）

施設名（　　　　　　　　　）

実習の種類	見学実習・参加実習・総合実習	
養成校名	○○大学　○○○○学科 TEL　－　－　　FAX　－　－	写真
学科・学年	学科　　　　　　年	
ふりがな 氏　名	年　　月　　日生　男・女	
現住所	〒 　　　　　　　　　　　　　　　　TEL	
緊急連絡先	〒 　　　　　　　　　　　　　　　　TEL	
クラブ活動	趣味	免許・資格
実習・ボランティア経験など	時期	実習先・活動の場など
健康保険証記号番号	保険者番号	
	名　称	
	組合員番号　記号　　　　　　　番号	

資料2－4　実習生個人票（幼稚園，保育所など用）

実習生個人票

年　　月　　日現在

所　　属	○○○○○○学部○○○○学科（　　　　年度入学）	写真貼付 （縦4cm×横3cm） 3ヶ月以内 撮影のもの
ふりがな 氏　　名		
現　住　所	〒　　－ 　　　　　　　　　　　　　　TEL（　　　）－	
実習中の 住　　所 （帰省先）	〒　　－ 　　　　　　　　　　　　　　TEL（　　　）－	
履修中の 免許・資格	（当該項目に○印を記入）　1　保育士資格　　2　幼稚園教諭（一種・二種） 　　　　　　　　　　　　　3　社会福祉士受験資格　4　その他〔　　　　　　　〕	
実習期間	年　月　日（　）～　　　年　月　日（　）〔　　〕日間	
通勤方法	交通機関：　　　　　　　　　　　　　　　　所要時間：約　　　分	
特技・趣味		
クラブ・ サークル活動		
実習・ボラン ティア経験	（時期） （実習先・活動の場）	
大学連絡先	○○○○大学 △△市△△区△△町△番地 　実習指導室　TEL(0□□　)□□□-□□□□　FAX(0□□　)□□□-□□□□ 　代　　　表　TEL(0□□　)□□□-□□□□　FAX(0□□　)□□□-□□□□	

○○○○大学

Ⅱ 実習前の準備と活動

資料2-5　事前訪問報告書（施設）

施設オリエンテーション記録

施設の概要

施　設　名				法　人　名		
施設住所	〒			電話番号		
施設長名			指導担当者名			
利用児・者および職員数	利用児・者	男性	名	職　員	男性	名
		女性	名		女性	名
	計		名	計		名
施設の基本理念および方　針						

資料2-6　事前訪問報告書

事前訪問報告書

園　　名		園　長　名	
住　　所	〒	電話番号	
訪　問　日	月　　日（　　）　　時　　分〜　　時　　分		
報告者名	［学籍番号：　　　　　　　］　氏名：		
行事予定	月　　　日	行　　事	視察不可日（×）
	月　　日（　）		
	月　　日（　）		
	月　　日（　）		
	月　　日（　）		
	月　　日（　）		
	月　　日（　）		
	月　　日（　）		

実習施設　案内図（交通機関および最寄りの駅からの道順）

注1：案内図は，初めていく人のことを考えて，次のうちより選択して作成すること．
・最寄りの駅（公共機関）・交通路，目印になる建物，距離・施設の近くを通る幹線道路（バイパス・国道）を記入

III

実習中の活動

1 実習中の心得

1）出勤簿（出席票）について

　出勤簿（出席票）は，実習期間中の実習出席状況を把握するための公の書類である。様式については，養成校側で用意した所定の様式を使用することがほとんどである。実習園側に事前に郵送され，実習園側の責任者管理となる。

　実習生は毎朝，所定の時間に勤務に就き出勤簿（出席票）に印鑑を押印する。勤務時間は実習先の園や施設に準じており，実習生も勤務シフトの中に組まれることもあるので，勤務時間をしっかり把握しておくことが必要である。

　実習中，やむを得ず遅刻や欠席するようなことがあれば，必ず実習開始時間前に実習先に連絡するとともに，養成校の実習指導教員にも遅刻・欠席の連絡を必ず入れる。やむを得ない事情を除き，遅刻・早退・欠席は厳禁である。

　欠席や遅刻・早退によって生じた実習の不足時間は，実習園と養成校の担当者と相談の上，後日補わなければならない。このような状況にならないよう健康管理に配慮し，実習期間内にしっかり実習できることが望ましい。

2）子どもおよび保育者などの職員から学ばせていただくという謙虚な気持ちをもち，意欲的に，かつ誠実に臨む

　実習中，わからないことは保育者（幼稚園教諭，保育士，保育教諭について，以降「保育者」と表記する）や職員に質問し，実習担当者から受けた注意や指導に対しては素直に聞き入れる等の謙虚な態度で臨む。また，実習生であっても，一人の保育者として子どもには公平に接し，保育者と同じ視点に立ち，責任を持って行動することができるよう心がける。また，子どもに対し，見当違いの対応や間違った判断を下してしまった場合には，自分の過

ちを素直に認め誠意をもって対応する。さらに反省したことを次に生かせるよう誠実な態度で実習に臨んでほしい。

3) 社会人としての自覚をもち，礼儀正しい言動を心がける

　笑顔や，明るい表情で子どもや保育者等や職員・保護者に接し，挨拶や会話など，丁寧な言葉遣いで対応するよう心がける。朝は「おはようございます」「今日もよろしくお願いいたします」の挨拶から始まり，日中の活動中には，保育者等の職員の指示に対して「はい，わかりました」「これでよろしいですか」「終わりました」「何かお手伝いすることがありますか」という確認や報告の言葉，また1日の終わりには「ありがとうございました」「お先に失礼いたします」の言葉など，心のこもった節度ある挨拶は，実習を円滑に進めていく上で大切なことである。

　学生であっても，実習中は一人の社会人として見られていることを自覚し，身だしなみを整えることは必要である。実習中の服装については，オリエンテーション時に実習先の園に確認し，子どもと活動するのに適したものを着用する。子どもや保育者・職員・保護者から好感をもって自然に受け入れられるよう心がける。

4) 提出物の期限等を遵守する

　実習日誌や指導案などは，決められた提出期限を守ることが重要である。また，どこに提出するのか等も確認し，遅れや間違いがないように十分に配慮する。期限の遅れは，学生一人の問題ではなく，実習担当者や職員ら，多くの人に迷惑をかけることにつながることを理解することが大事である。

5）「報告・連絡・相談（ホウ・レン・ソウ）」が大切である

　保育は保育者や職員の連携でなりたっている。連携がスムーズに行われるためには，子どもの状態や教育・保育の内容などを伝えあうホウレンソウ（報告・連絡・相談）が重要である。実習生も保育者の一員として，教育・保育活動の中で気づいたことや子どもの変化（ケガやトラブル等）を発見した場合には，保育者に報告・連絡し，相談することが大切である。

　保育者とのコミュニケーションを円滑に行うことが，実習における学びの成果に大きな影響を与える要素となる。

6）職務上の秘密を守る

　園や施設内で見聞きしたことや個人情報・家庭の事情などは口外してはならない。特に公共の場（乗り物の中や飲食店，インターネット上など）において，実習園の話題にふれることは避けなければならない。また，必要以上に子ども（利用児・者）のプライバシーに介入することや個人的な交流を行ってはいけない。

　実習園および施設について，また実習の内容に関連する情報については，SNS等による発信はしてはならない。ただし，自分が実習中に作成した装飾や作品について，写真等の記録に残したい場合は，その理由を説明し，必ず実習施設の許可を得てから行う。

7）健康管理を行う

　実習中は慣れない毎日の緊張や不安で，心身共に疲労しやすくなりがちである。そのため，翌日に疲労を持ちこさないように実習日誌の記録や実習準備で寝不足にならないように日々の体調を考えながら，自らの健康管理に留意する。また，実習を行う学生についても，自分自身を感染から守るととも

に，学生を受け入れる実習施設で生活をしている乳幼児等が感染症に感染するのを防ぐため，実習前に必要な予防接種を受けることに配慮することが重要である。このことは，保育所における感染症対策ガイドライン（2018年改訂版　厚生労働省）にも記述があるように，必要な予防接種は事前に受けておく等，感染症対策に心がけ，健康な状態で実習を行えるようにすることが大事である。

8）その他

① 実習中は携帯電話を使用しない。
② 実習先の備品や教材を使用する場合は無断で持ち出したりせず，実習担当者または主任・園長（施設長）に許可を得た上で大切に扱う。使用後はもとの場所にきちんと返す。
③ 清掃作業は大切な保育の一部である。率先して行うように心がける。

2　実習日誌（実習の記録）

　学生が実習施設で観察・体験した子どもの様子・活動，保育者の援助・配慮などについて毎日，記録として日誌に書く。この記録は自分の実習の記録であると同時に，園長（施設長）や実習担当者に報告する文書でもある。実習終了後は養成校に提出し，評価の対象となるものである。

1）日誌を書く意味

① 日々の保育の流れや出来事について実習生が観察・体験したことを記録することで，自身の動きを客観的にふり返ることができる。ふり返る

ことにより，子どもに対しての気づきや子どもに対する見方，教育・保育に対しての考え方が整理される。さらに，日誌を確認することで，保育者として適切な対応ができていたのか等，自己の課題を明らかにすることができる。

② 見たり聞いたり体験したことによる感動や発見・困惑・反省などを鮮明かつ的確に，記録しておくことが必要である。強い印象をもたらした出来事から，子どもに寄り添うことや子どもから学ぶといった保育の基本姿勢が培われる。

③ 指導者（実習担当者や園長など）からの助言やその日の問題点・反省点をその日のうちに，整理し記録することにより，明日の実習に向けて考え準備することができる。

④ 実習によって得た経験・知識・感動・反省・感想などをその場かぎりのものとせず，実習の記録を書くことで後日読み返し，その時のことを思い出し原点に返って，保育や実習することについて考えることができる。

⑤ 実習日誌は，実習中はもちろん実習終了後の実習の場での反省会や養成校での反省会および実習担当者および養成校の実習指導教員から，指導を受ける時の参考資料となる。

⑥ 実習終了後，再度，実習記録（日誌）を読み直し，実施内容や指導された事項などを確認することにより実習全体の経過がわかり，成果や課題を確認することで，その後の学習に役に立つ。

日誌は実践の記録である。机上の知識を実践することにより，実習中多くの気づきや発見が見出されるであろう。この記録を学習の場にフィードバックさせることにより，子どもや保育に対する理解が深まっていくのである。その時々に学生が感じたことや考えたことを記録として残すことは，将来，保育・教育の現場に立った時，多くの示唆を含んだかけがえのないものとなる。

2）日誌の欄の項目について

(1) 日付，天候，年齢，組，出席数，欠席数，クラス人数，実習指導者

事前に実習担当者に尋ね，記入する。また，天候や出欠席の人数は，当日の朝に確認する。

(2) 活動のねらい

事前または当日の朝，実習担当者から本日の活動のねらい（または活動名）を聞いて記入する。

(3) 本日の実習目標

実習生がなにを目標（ねらい）として，本日の実習を行うのかを記入する。
実習を開始する前に，この実習でどのような学びをするのか実習の目標をたてておき，その目標に沿って記入する。

　例：実習の目標に「年齢に応じた子ども同士の関わりを学ぶ」としていたら，入ったクラスの年齢に応じて「2歳児クラスでの子ども同士の関わり方を知る」とする。

目標達成が可能な具体的目標を，設定することが大事である。

(4) 時間

実習生が，実習を始めた時間から終わりは実習生が担当の部屋を退出するまでの時間を時系列に記入する。活動ごとに時間を記入し，1日の生活の流れを理解する。

(5) 子どもの活動

「好きなあそびをする」，「散歩に行く」等，簡潔に子どもが行う活動を記入する。

　例：手洗いをする。保育者に促されて手を洗う。

(6) 環境構成

　保育室のレイアウトや読み聞かせの時に，子どもと保育者との位置関係などをわかりやすく図で示す。また，製作などで使用するものを記入客観的・具体的に記録する。

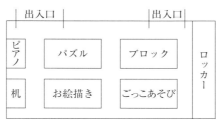

(7) 保育者の援助・留意点

　子どもへの関わり方，保護者との対応，活動を行うためにどのような援助を行っていたか方法や配慮点などにその意図を含めて簡潔に記述する。

　　例1：「散歩」の活動に対して，①人数確認，②子どもの安全確認（歩き方，目的地での安全）

　　例2：食事など生活面での言葉かけや援助の方法，保育者の動き（客観的・具体的に記述）とその意図

(8) 実習生の関わり

　① 子どもの活動の場面で，実習生が「どのように動いたか」「どのように子どもに関わったのか」について記述し，保育者の援助や配慮をみて気づきがあれば，記入する。

　　例1：保育者が紙を配布する補助を行う。

　　例2：着脱の援助を行う。

　　例3：紙芝居を強弱をつけて読む。

　② 実習生の動きは子どもと何かをしたという記録だけではなく，保育援助としてどのような意味をこめてその行為を行ったかという点についても書くようにする。

「子どもといっしょに踊る。」→「子どもに踊ることの楽しさが伝わるように，元気に踊って見せる。」

(9) 1日のまとめ・反省・感想
① 自分が設定した実習目標に対して，ふり返り，反省および気づいたことを記入する。
例1：「2歳児の子ども同士の関わりを知る」という目標を設定したが，特定の子どもと遊ぶ場面が多く，全体として見ることが難しかった。
例2：担任の先生は子ども同士の関係を把握されていて，ケンカの場面でも的確な援助や子どもへの配慮をされていた。
② 1日の中で，もっとも印象に残った保育者の援助・配慮について，「自分だったら～したかもしれないが，先生は～したことで子どもの気持ちに沿った援助を行っていたように思った」というように，考察して記述する。
③ 自身が子どもとの関わりで困ったことや疑問に思ったこと，また，自分なりにあの場面では，～した方が良かったのでは，というふり返りを記述する。
④ 1日の中で，もっとも印象に残ったエピソードを記述し，そのエピソードに対して実習生がどのように感じたり，思ったりしたか，保育者はどのように関わっていたか，そのことから，何を考え，学んだかを記述する。

(10) 指導者の所見
実習担当者が，実習生の記録やその日の実習の様子を見て気づいたことを書き込んでくださる，指導や助言の欄である。ここで受けた指導や助言は翌日からの実習に反映していくことが望ましい。

3）日誌を記録するときの留意点

① 保育者より助言を受けたり，日誌の添削を受けた時は，丁寧な対応を心がける。
② 表現方法（書き言葉）に留意する。
③ 日誌を書くためには，保育の様子をよく観察することが大切である。
   観察のポイント
   ・この子はどうして，こうしているのかな？（子どもの姿）
   ・先生はどうするのかな？（保育者の援助）
   ・どうして，このような環境を設定したのかな？（環境設定）
   ・こうなる前に何かあったかな？（関連付け）
   ・この後はどうなるのかな？（予測）
④ 観察で大切なことは，その瞬間だけを見て判断するのではなく，前後を把握することが重要である。
   いざこざ場面で，玩具の取り合いをしていたことだけに注目するのではなく，その前にこの玩具を持っていたのは誰だったのか，玩具をめぐって言葉でのやり取りはあったのか等，状況を把握することが重要となる。さらに取り合い後，子どもはお互いに納得できたのか，終結はどのようだったのかまで，記述することが望ましい。
⑤ 子どもと関わる中で，見られた子どもの活動を中心に書くこと。
   子どもが何をしていたという記録とともに，自分の子どもへの関わりに対して子どもがどのような反応したかを記述する。
⑥ 活動全体を把握するために，保育者がどのように動き，子どもに対しどのような援助を行っているのかをとらえて書く。

4）記述上の注意事項

① 黒のボールペンで慎重に書き，間違えることのないようにする。書き

間違えた場合は，養成校または実習先の指導（二重線を引いて，訂正印を押す，修正液や修正テープで消す等）により，丁寧に書き直すようにする。
② 誤字・脱字に気を付け，読む人の立場に立ち，わかりやすく丁寧な文字で書く。
③ 尊敬語・謙譲語・丁寧語の使い分けに留意する。むやみに語頭に「お」をつけない。(「お布団」→「布団」,「お箸」→「箸」など）
④ 保育者や子どもの名前を記述する時，実名を書いてよいか，イニシャルまたはA児などの表記にするか確認しておく。
⑤ 子どもの活動の記載は，「体言止め」（登園・昼食等）にせず，「用言止め」（登園する，給食を食べる等）にする。また，反省・感想や学んだこと等の表記は，文末表現を統一する（「である調」と「です・ます調」を混在させない）。

3 指導計画とは

　幼稚園・保育所，認定こども園には，独自の教育・保育の方針や目標が記載されている，教育課程や全体的な計画がある。これは入園・入所している子どもの年齢に応じて，基本的な子どものあるべき姿を年齢順に一覧にしたもので，項目の中には園独自の取り組み（食育・伝統行事等）も記載されている。この教育課程や全体的な計画をもとに，年齢ごとに長期指導計画（年間指導計画）や短期指導計画（月間指導計画・週間指導計画・日案）がクラス担任により作成される。立案には，その月や週の保育のねらい，あるいは前の週からの継続性を踏まえた上で，子どもに興味や関心をもってもらいたいこと，子どもに体験・経験させたいことを教育・保育の内容として立案する。子どもの成長を踏まえ，「保育の過程」という一連の流れがあることを

意識して立案することが大切である。

　実習生が立案する指導案は，日案に近い物ではあるが，活動を中心に保育者の動きを想定して書かれた計画書であるといえる。そのため，子どもの活動や姿を想定しながら，保育者が子どもに経験させたいことを子ども主体で行わせるためには，保育者がどのような援助や配慮を行ったらよいかについて記載されていなければならない。実習中に部分実習や責任実習と呼ばれる実践を行う。その実践において子どもの活動や保育者の動き，援助・留意点について計画を立て，指導案を作成する。作成に際しては担当の保育者とよく話し合い，部分実習や責任実習を行う年齢の子どもの様子や日常の活動などよく把握し，子どもの姿から，かけはなれた計画にならないように心がけることが大切である。

1）部分実習

　1日の活動の中で，絵本の読み聞かせや手あそび等，特定の活動だけを保育者の代わりに実践するものである。
　例：実習指導案（部分実習）
　　　昼寝前に紙芝居を読む。
(1)　導入
　活動前に子どもたちがスムーズに活動に参加できるよう導入を行う。
　① 　読む前に子どもを集中させるには，どのように働きかけを行ったらよいか，子どもの意識を保育者に集めるようにするためにはどのような方法がよいか等を工夫する。
　② 　主活動に子どもの関心が向くような働きかけを行う。
　③ 　子どもの状態，どんな紙芝居が好きか，寝る前に読むので，どのような内容がよいか等を考え，事前にどのような紙芝居があるのかをチェックしておく。
　④ 　実習では指導計画を伴わない偶発的，即興的な実践もあるが，指導計

画を立案できるよう準備を行うことも必要である。

＜ねらい＞　・紙芝居を楽しむ。

　　　　　　・午睡に向けて気持ちを落ち着かせる。

時間	環境構成・子どもの活動	保育者の援助および配慮点
12：20	・パジャマに着替える。 ・排泄をする。	・子どもたちの様子を見ながら，ほとんどの子どもが準備できたら，集まる場所を子どもに知らせる。
12：35	○紙芝居「○○」をみる。 ・保育者のところに集まる。 ・手あそびをする。 ・紙芝居をみる。 （話に夢中になる子や他のことが気になってじっとできない子がいる。） ・自分の布団の所に移動する。	・子どもが落ち着けるように，小さい声で手あそびを始める。 ・子どもが集中してきたら紙芝居を始める。 ・声の出し方や大きさ，言葉のリズムにメリハリをつけながら子どもが関心をもてるよう読む。 ・「おしまい」の言葉を言った後，自分の布団に移動することを伝える。
反省および ふりかえり	・子どもを急がせていなかったか ・手あそびは楽しめていたか ・紙芝居は子どもたちの興味や午睡前の内容として適していたか ・子どもが集中できるような読み方ができたか ・布団へスムーズに移動できたか	

2）責任（全日・1日）実習

　責任（1日）実習とは，幼稚園の教育課程，保育所や認定こども園における全体的な計画，または期・月の指導計画に沿った内容で実践することが必要である。保育所実習では，保育時間が長いため，その日の主活動を中心として，登園から給食までを計画・実践するよう配慮している園が多い。しかし，立案するにあたっては，1日の生活の流れに沿って，子どもの状態に応じた適切な関わりや特に援助が必要なことを具体的に想定しながら立案することが望ましい。子どもの主体性が発揮されるような環境の構成を考えることと，そこで生み出される子どもの活動を予想することの表裏一体の関係を意識しながら，立案する。

例：お花見散歩　（4歳児クラス）

(1) 導入　　　　子どもに花びらをみせながら

　　先　生：「これなんだかわかるかな？」

　　子ども：「見たことがある」「来る途中にあったよ」「花びらだよね」

　　先　生：「そう，花びらだね。これは，桜という花の花びらです。園に来る途中にある桜の木に，今，たくさん花が咲いていて，花びらも木の下に落ちています。今日は桜の花びらを集めに行きましょう。」

　　子ども：「行きたい。」「先生，お散歩に行くの。」

　　先　生：「お散歩の準備をしましょう。」

　　子ども：「はーい。」

(2) 指導案の項目

- 日時，天候，クラス名，男児人数，女児人数，クラス人数，指導者名，実習生名

　　事前に確認できていることは記入しておく。

- 活動内容…お花見散歩に行く。

- ねらい　…季節を感じながら，春の自然物で遊ぶことを楽しむ。

　　子どもが主語となり，どのようなことを子どもに体験・経験させたいのかを記述する。教育課程や全体的な計画，指導計画などにおける子どもの活動の内容に沿ったねらいを想定する。

- 前日までの子どもの様子

　　教育・保育は切り取られた場面で行われるものではなく，継続性がある。活動を立案する時に，クラス担任の保育者に子どもたちの特長や好きなあそびを聞いたり，実習に入ってからの子どもの姿を把握し，記述することが重要である。

例1：登園時に親と離れることができず，泣いたりなど，なかなか落ち着いてあそびに入れず，ぼんやりしている子どもが多い。

例2：昨日の続きのブロックあそびを男児4〜5人で集中して遊んでいる。

Ⅲ　実習中の活動

女児もごっこあそびを楽しんでおり，トラブルもなく穏やかな雰囲気で過ごしている。
- 準備…桜の花びら，散歩リュック（事前に中身の確認を行う）
  その活動に必要なものを明記しておく。
- 子どもの活動
  指導計画には導入部分から記入する。

時間	環境構成	子どもの活動	保育者の援助と留意点
9：30	保●	○保育者の話を聞く。 ・自分の席に座る。 ・これからの活動の話を聞く。	・花びらを見せることで，子どもが関心を示すよう配慮する。 ・活動を子どもに伝える。

- 具体的な活動内容について
  開始時刻を記入する。
  活動の区切りごとに時間を記入する。
  時間は計画を立てる上で想定して記入する。

時間	環境構成	子どもの活動	保育者の援助と留意点
9：45	散歩に必要な準備物を記入	○散歩に行く。 ・排泄をして，所定の場所に集まる。 ・友だちと手をつないで歩く。	・散歩リュックの確認，散歩ノート記入，人数確認を行っておく。 ・道の歩き方に配慮し，危険のないように声かけをする。 ・桜の木の周辺の安全確認を行い，人数確認をする。
10：00	公園の遊具の配置図を記入	・保育者からの注意事項を聞く。 ・花びらを拾ったり，木のまわりで遊ぶ。	・事前に帰園の時間を伝える。 ・子どもの発見に共感したり，あそびの援助を行う。 ・子どもの様子を見ながら随時，人数確認を行う。
11：00		・集合の声かけで所定の場所に集まる。 ・友だちと手をつないで歩く。	・集合の声かけ，人数確認，忘れ物がないかのチェック等，帰園準備を行う。 ・道の歩き方に配慮し，危険のないように援助する。
11：20		・帰園後，保育者の話を聞き，園庭で遊ぶ。	・帰園したら，帰園の報告および人数確認を行う。園庭で遊ぶことを伝える。

- 実習生の感想・反省など

  時間配分が適切だったか。

  ねらいおよび活動内容が子どもの年齢に合っていたか。

  導入は適切だったか，活動の終わりをきちんとまとめられたか。

  子どもが楽しんで参加していたか。

これらのポイントをふり返りながら，責任実習での学びを記述する。

4 実習園においての反省会

① 実習園での反省会には，クラス担任と毎日，実習終了前に行う反省会や指導実習後に行われる中間反省会，実習最終日に行われる反省会がある。反省会の開催については実習園によっても異なり，実習全体の反省会を実習最終日に行わない園もある。

② 打ち合わせやふり返りの会（反省会）には，必ずノートと筆記用具を持って臨み，きちんと書き留める。

③ 中間反省会は，実習生が行った指導実習について実習担当者が評価・指導・助言を与える機会である。実習生が立案した教育・保育活動について，準備・導入・進め方，まとめを中心に検証していく中で，実習担当者から改善点や不備な点を指摘してもらい，実習生はそれらをその後の実習に役立てるようにする。

④ 最終反省会は実習全般にわたる成果から，今後の学習の課題を明確にする機会であり，実習生にとっては有益な指導が得られる貴重な機会となる。反省会にて多くの指摘を受けるかもしれない。しかし，指摘されたことを謙虚に受け止めることは保育者としての向上につながり，自己を高めることにつながる。

⑤ 自分の実習をふり返り，反省や感想をまとめておく。また，事前に各

クラスに入った時に疑問に感じていたことをメモしておき，あらかじめ質問を準備してから反省会に臨む態度が必要である。
⑥　反省会には各年齢の担任や主任が参加するため，自分の実習した日々をふり返り，子どもの発達過程を確認し，質問を的確にできるようまとめておけるとよい。
⑦　受身的な姿勢よりも自分の方からも，積極的に反省を述べ，残してしまっている質問や疑問をすっきり解決できる機会とし，最後に心のこもった言葉で謝辞を述べたい。

5 実習中の事故

　実習中に実習生の身に起きてしまった事故やケガ及び，実習先の子どもや利用者に負傷させてしまった場合や実習園の施設のものを破損した場合は，すぐに現場の実習担当者および園の責任者に報告，指示を仰ぎ，養成校にも連絡を入れる。緊急に医療機関にかからなければならない場合に備え，保険証の写しを持参しておくとよい。

[文献]
1）一般社団法人全国保育士養成協議会：保育実習指導のミニマムスタンダードver2．中央法規出版，2018
2）厚生労働省：保育所保育指針，フレーベル出版，2017
3）相馬和子・中田カヨ子：実習日誌の書き方　幼稚園・保育所実習，萌文書林，2004
4）前橋　明・石井浩子編著：健康福祉シリーズ3　実習指導概説　保育・教育・施設実習，ふくろう出版，2012

IV

実習後の活動

1 実習後の心得

　実習後の提出物や確認事項（提出先や提出物の授受に関すること等）が完了した時点で，現場での実習は終了することになるが，実習の全過程が終了したわけではない。具体的には，実習後の実習記録（日誌）や指導計画，観察記録の確認，評価票による面接指導，報告書の作成，養成校での報告会・反省会の準備を整えること等の残務がある。

　これらの過程を通して，知識や考えを確認したり，新たな疑問に気づいたりすることも多く，実習における学びをより深めていくために不可欠なものでもある。つまり，今後の自己の取り組むべき課題が明確化され，ひいては，将来的な目標を見いだせることにもつながっていく。

1）倫理観・守秘義務

　保育者には，保育・幼児教育の知識や技術とあわせて，価値観や倫理を高めることが重要となる。倫理要綱については，全国保育士会が要綱を定めている。実習後も自己点検を行い，再確認をすることが求められる。

　保育者の守秘義務については，児童福祉法にも明記されており，保育者の中には，実習生も当然含まれている。実習生は，実習中に知り得た子どもや保護者の秘密について，実習中はもとより，実習終了後もその守秘を続けなければならない。

2）その他

　実習記録（日誌）を受け取りに実習園を訪問する際は，服装や身だしなみ等，実習時と同様に留意して伺うことを心がける。教職員や調理，用務の職員などにお礼の気持ちをもち，保育や業務で多忙の様子であったら，中断し

ないように目礼だけでも行うようにしたい。

2 実習記録の整理と提出

　実習記録（日誌）や実習全体をふり返って書くレポート等の実習園や施設との授受はよく確認し，決められた期日を厳守する。受け取りの際には，実習園や施設の実習完了印が押されていることも確認する。
　遠方の実習生で実習記録（日誌）の授受ができない場合は，郵送をお願いすることになる。重要なことは，郵便の事故に備えて「簡易書留」や「レターパック」，「宅急便」など，記録の残る手段で郵送する。自分（送り先）の郵便番号・住所・氏名を書き，料金を確認し，切手を貼って渡すようにし，切手代の不足や住所，宛名の誤りがないかを確認する。また，養成校に提出する書類（実習報告書，自己評価票など）の確認も怠らないようにする。

3 礼状の作成

　実習終了後には，実習園に感謝の気持ちを伝えるために，お礼の手紙を書く（資料4－1，4－2）。原則として個人で送付し，封書で縦書きにして，実習終了後2週間以内には届くようにする。白無地の封筒・便箋を用いて，黒のペンを用いて手書きする。お礼とともに，実習を通して学んだことや感動したこと，その後の学習状況，今後の抱負についてもふれておくことが望まれる。文章は，手紙の形式に則り，わかりやすく，敬体（です・ます調）で簡潔に丁寧に書く。尊敬語や謙譲語，丁寧語は，文章によってきちんと使

いこなさなければならない。二重敬語にならないように気を配る。礼状のあて名は、園長先生（施設長），先生方に1通，実習担当者・クラスの子どもたちにも1通あるとよい。子ども（利用者）たちの方への手紙は，カットを添えて親しみやすく，楽しい内容にするとよい。

4 学内報告会・反省会および事後指導

　養成校での事後指導として，個別面接・グループ指導・授業・実習報告書（資料4-3）の作成・報告会・反省会などがある。
　報告書は，養成校によっても異なるが，実習経験の総まとめとして作成する。実習中は目の前の課題に向かい，精一杯取り組んできたが，ふり返ることで自分の経験を整理することができ，貴重な学びの資料となる。報告書を作成するにあたり，日誌を読み返すと，様々なエピソードが思い返される。子どもの姿や保育者の対応，援助や保育の工夫など，貴重な経験を重ねてきたことに改めて気づく。その気づきをまとめ，整理し，文字として残すことにより，新たな課題が見つけられ，保育者としての自己の成長に繋がる。また，報告書は，後輩が実習を行う際の貴重な資料ともなる。
　報告会・反省会は，実習中の感想や反省をまとめ，自己の体験として発表したり，他の学生の発表を聞く等して，①実習生自身の体験を通して気づいたことや考え，悩み等を多方面から検討し，自己を客観的に見る，②他の実習生の報告や意見交換を通して，自分と異なる視点や考えを知り，改めて実習を捉え直すことができる。また，③今後の課題や各自の意識のあり方などに発展させることにつながる。そのため，報告会・反省会は，事後学習として重要な意味をもつ。

Ⅳ　実習後の活動

5 評価

　評価の観点は，2つの側面がある。1つは，社会人としての基礎的な側面である。例えば，時間や規則は守れていたか，挨拶や礼儀をわきまえていたか，文書は正しい日本語の文法で書くことができたか，誤字や脱字はないか等も，保育者にとっては重要なことである。そして，もう1つは，実際の子どもの教育・保育に関する側面である。子どもの興味や関心，心身の発達の状況，人間関係などをふまえた上で，子どもの姿に即した保育内容であったか，活動の流れや環境構成は子どもにとってふさわしいものであったか等の他，実習全体の達成度などを評価する。これは，指導計画と実際の実践とを照らしあわせて，教育・保育の内容を深く見直すきっかけともなる。

　評価は，実習がよくできたかどうかだけを判断するものではない。自分自身をふり返ることで，自己の保育者としての資質を向上させるものである。

資料4−1　お礼状の例文

（頭語）拝啓

（時候の挨拶）○○の候、皆様お変わりなくお過ごしのこととお喜び申し上げます。

（安否の挨拶）○○先生におかれましては、いかがお過ごしでいらっしゃいますか。

（お礼）さて、先日の実習に際しましては、ご多忙にもかかわらず、ご指導いただきまして誠にありがとうございました。

（実習での学び）実習では、課題でありました福祉の現場において、相談活動の実際を学ぶことができました。

（実習中に学んだことや思い出、今後の抱負など）利用者の皆様や、職員の方々に親しく接していただいた感謝の気持ちを忘れずに、これからも福祉を学んでいきたいと考えております。

（結びの挨拶）どうぞ、職員、利用者の皆様によろしくお伝えください。

末筆ながら、貴園のご発展と先生のご活躍をお祈り申し上げております。

（結語）敬具

（日付）令和　年　月　日

（所属・氏名）○○大学　○○学科　○年
氏名○○○○

（宛名）○○学園
園長　○○　○○先生

Ⅳ 実習後の活動

資料4-2　封書の例文（例）

裏面：
〒
住所
○○大学
××××科
学生名

表面（学園）：
住所
○○○学園
園長　○○　○○　先生

表面（幼稚園）：
住所
学校法人○○
園長　○○○○幼稚園
　　　○○　○○　先生

表面（保育所）：
住所
○○法人○○○○保育所
所長　○○　○○　先生

103

資料4-3　実習報告書例

　　　　　　　　　　実　習　報　告　書
　　　　　　　　　　　　　　　　　　　　学籍番号　　　　氏名

1．実習施設名：
2．所在地：
3．実習期間：　　　年　　　月　　　日（　）～　　　月　　　日（　）
4．職員の構成：
　　園児（利用者）：

5．実習前について
①実習前の心構え
②実習準備

6．実習中について
①実習内容

日時	クラス(○歳児)	実習内容

②子ども（利用者）からの学び
③保育者（指導員）からの学び
④環境からの学び

7．実習後について
①反省点
②課題
③具体的に取り組むこと
④後輩へのアドバイス

V

実習において留意すべき事項

1 プライバシー保護

1）プライバシー保護の重要性

　次世代の社会を担う子どもたちが日々の生活の中で生きる力を育むことが教育・保育の目的である。一人ひとりの子どもの状況を的確に把握し，子どもの育ちを支援することは大切である。しかし，そのことは，子どもや保護者をはじめとする様々な人々の生活に関わることでもある。そのために，保育者には，人間の尊厳と個人の身上に関する秘密を守る等，人権感覚に立脚した判断力と行動力が強く求められるのである。

2）関連法令と倫理綱領

　平成13年（2001）に保育士資格が法定化されたことにともない，児童福祉法においても，保育士の信用失墜行為の禁止，守秘義務が明記されるようになった。

児童福祉法
第18条の21　保育士は，保育士の信用を傷つけるような行為をしてはならない。
第18条の22　保育士は，正当な理由がなく，その業務に関して知り得た人の秘密を漏らしてはならない。保育士でなくなった後においても，同様とする。
第61条の2　第18条の22の規定に違反した者は，1年以下の懲役または50万円以下の罰金に処する。

　このように，保育士には，保育士であるときだけでなく，保育士でなくなった後においても，正当な理由がなく，その業務に関して知り得た秘密を漏らしてはならないのである。

Ⅴ 実習において留意すべき事項

　さらに，こうした法律上の倫理規定だけではなく，専門職として保育士自身が自らの倫理綱領を策定することが求められ，全国保育士会では，平成15（2003）年2月に「全国保育士会倫理綱領」を定め，保育士の倫理的な行動指針を明確化した。

全国保育士会倫理綱領

　すべての子どもは，豊かな愛情のなかで心身ともに健やかに育てられ，自ら伸びていく無限の可能性を持っています。
　私たちは，子どもが現在（いま）を幸せに生活し，未来（あす）を生きる力を育てる保育の仕事に誇りと責任をもって，自らの人間性と専門性の向上に努め，一人ひとりの子どもを心から尊重し，次のことを行います。

　　私たちは，子どもの育ちを支えます。
　　私たちは，保護者の子育てを支えます。
　　私たちは，子どもと子育てにやさしい社会をつくります。

（子どもの最善の利益の尊重）
1．私たちは，一人ひとりの子どもの最善の利益を第一に考え，保育を通してその福祉を積極的に増進するよう努めます。

（子どもの発達保障）
2．私たちは，養護と教育が一体となった保育を通して，一人ひとりの子どもが心身ともに健康，安全で情緒の安定した生活ができる環境を用意し，生きる喜びと力を育むことを基本として，その健やかな育ちを支えます。

（保護者との協力）
3．私たちは，子どもと保護者のおかれた状況や意向を受けとめ，保護者とより良い協力関係を築きながら，子どもの育ちや子育てを支えます。

（プライバシーの保護）
4．私たちは，一人ひとりのプライバシーを保護するため，保育を通して知り得た個人の情報や秘密を守ります。

（チームワークと自己評価）
5．私たちは，職場におけるチームワークや，関係する他の専門機関との連携を大切にします。

また，自らの行う保育について，常に子どもの視点に立って自己評価を行い，保育の質の向上を図ります。
（利用者の代弁）
6．私たちは，日々の保育や子育て支援の活動を通して子どものニーズを受けとめ，子どもの立場に立ってそれを代弁します。
　また，子育てをしているすべての保護者のニーズを受けとめ，それを代弁していくことも重要な役割と考え，行動します。
（地域の子育て支援）
7．私たちは，地域の人々や関係機関とともに子育てを支援し，そのネットワークにより，地域で子どもを育てる環境づくりに努めます。
（専門職としての責務）
8．私たちは，研修や自己研鑽を通して，常に自らの人間性と専門性の向上に努め，専門職としての責務を果たします。

社会福祉法人 全国社会福祉協議会
全国保育協議会
全国保育士会

　この中で，4として「プライバシーの保護」という項目を設け，一人ひとりのプライバシーを保護するため，保育を通して知り得た個人の情報や秘密を守らなければならないことを示しているのである。

3）プライバシー保護に関する誓約

　実習生としても，当然ながら，子どもや保護者をはじめとする様々な人々の生活にふれる場面を数多く経験する。そこで，ここで述べたようなプライバシー保護に関する法令や倫理綱領の趣旨を充分理解した上で，実習に取り組まなければならないのである。
　そのため，実習に先立ち，実習生は実習施設に対して，プライバシー保護などに関する誓約書の提出を求められることが通例となってきている（資料5−1）。

Ⅴ 実習において留意すべき事項

また，逆に実習施設においても，実習生を受け入れることによって，実習生の住所，生年月日，その他，様々な実習生の個人情報を知り得ることになるので，施設側に実習生を出す学校や実習生との間にプライバシー保護に関する誓約を求める動きも出てきている。このように，自分のプライバシーや個人情報の保護に対しても，配慮しておくことが必要であり，そのことは利用者のプライバシー保護に対する認識を深める契機ともなっているのである。

資料5-1　プライバシー保護などに関する誓約書（保育実習）

【施設名】
【施設長名】　　　　　　殿

保育実習にかかる誓約書

　私は，貴施設の実習生として，下記の事項につき誓約いたします。
記

1　貴施設における個人情報保護に関する諸規定を遵守すること

2　実習中に知り得た利用者，貴施設関係者の個人情報およびプライバシーに関する情報について，実習期間中のみならず，実習終了後においても，第三者に漏洩すること，貴施設に無断で使用することがないこと

3　実習中に知り得た貴施設および取引業者の情報資産に関する情報について，実習期間中のみならず，実習終了後においても，第三者に漏洩すること，貴施設に無断で使用することがないこと

4　児童の権利に関する事項について十分に認識し，児童の権利擁護に関する事項を遵守すること

××年××月××日

××××大学
××学部××学科
学籍番号　×　×　×　×　×　×
氏名　　　×　　×　　×　　×　㊞

4）ケース・スタディ（プライバシー保護が問題となるケース）

これまで述べてきたことによって，実習生が実習先で知り得た秘密について，正当な理由なく漏らしてはいけないことはわかったであろう。

では，具体的にどのようなことが，守秘義務との関係で問題となるだろうか。以下，6つのケースをもとに考えてみたい。

ケース1

　実習記録を書くために，施設にある子どもの名簿や家族関係を記載している記録をコピーして持ち帰った。
　↓
　これは個人情報保護の観点からも，絶対に行ってはならない。

ケース2

　実習生同士，実習先から帰る電車やバスの車内で，子どもの様子などを話す。
　↓
　故意に秘密を漏らしているのではないが，周囲の人に結果として秘密を漏らしてしまうことになりかねないので，慎むべきである。

　なお，子どもの名前や年齢などを言わなければ，本人が特定されないので構わないのではないかと考える人もいるかもしれないが，場合によっては，周囲の人に誰のことを言っているのかが容易にわかってしまう場合もありえることを忘れてはならない。

　また，このように，不特定多数の人がいる中で，実習中の出来事を話していること自体が，実習生としての資質を疑われることである。こうした行為は，実習施設の信頼，ひいては教育・保育に関わる教諭，保育士，保育教諭全体の信用を失墜させることにもなりかねないのである。

ケース3

　実習での出来事や子どもへの対応状況などを友だちに知ってもらいたいと思い，ブログやTwitter，LINE，Instagram，Facebook等のソーシャル・ネットワーキング・サービス（SNS）に，実習先での子どもの様子についての記事や写真，動画を投稿する。

　↓

　ケース2と同様，絶対にしてはならない。

　こうしたSNSにおいては，公開範囲を設定できるため，友人内だから良いと考えてはならない。「非公開の投稿を見る方法」といったものがインターネット上にも公開されているのである。

　また，Instagramのようなサービスでは，「ストーリーズ（Stories）」として，写真や動画の投稿やライブ配信ができるものがある。これは24時間でストーリーの投稿は自動で削除されるのだが，投稿しても大丈夫と気軽に考えてはいけない。第三者が，別のサイトにその写真や動画を投稿することによって，思わぬところで流出するといったことがありうるからである。

　このようにインターネット上に情報を流すということは，不特定多数の目に触れる可能性が必ずあるということを忘れてはならない。

　さらに，写真や動画に加工を施して，子どもの顔などが分からないようにすれば投稿しても良いと思うのも大きな間違いである。そもそも実習中に撮影した写真や動画を本人や保護者，実習先に無断で投稿すること自体，守秘義務違反となると考えなければならないのである。

ケース4

　実習の記念に子どもとの写真を撮影する。

　↓

　実習施設と保護者の両者の許可が得られていない以上，慎むべきである。

ケース5

　実習先の子どもから「私のプリクラあげる」と言われた。
　↓
　原則として，子どもから，物をもらったりすることも慎むべきである。しかし，子どもが自分に向けてくれた気持ちそのものは，きちんと受け止めることが必要である。
　なお，こうした場合，実習施設の施設長や実習担当者の方の判断を仰ぐことも必要である。

ケース6

　子どもから手紙を送りたいので，住所を教えてほしいと言われた。
　↓
　自宅の住所を教えてはならない。こうした場合は，大学の実習指導室などを宛先としてもらうように頼むことが必要である。
　なお，電話番号，メールアドレスについても，個人的な情報は教えてはいけない。

5）実習記録（日誌）におけるプライバシー保護

　実習の学びを豊かにするための道具として実習記録（日誌）は大切である。その記載内容も，子どもの動き，施設職員の動き，自分の動き等をしっかりとらえ，明確に記載することが必要である。
　しかし，当然ながら，実習記録（日誌）における個人情報の記載には相当の注意を払うべきである。そのため，氏名は当然ながら仮名を用いるべきであるが，氏名をイニシャルにして記載すれば問題がないというわけではない。そのため，実習記録においては，実習担当者の指示のもと，イニシャルのように個人が特定しやすい記載ではなく，A，Bというように，個人が特定できない記載とする必要がある。

Ⅴ 実習において留意すべき事項

また、氏名以外の記載事項においても、個人のプライバシーや個人の尊厳を侵していないかという点を考えながら、記載する必要がある。また、こうしたことに配慮することを経験すること自体が実習の豊かな経験であるとも言えるのである。

6）プライバシー保護における正当な理由とは

ここまでプライバシー保護に関することについて述べてきたが、最後にプライバシー保護における大切な観点についてふれておきたい。

ここで、再度、守秘義務を定めて条文を示すこととする。

児童福祉法
第十八条の二十二　保育士は、正当な理由がなく、その業務に関して知り得た人の秘密を漏らしてはならない。保育士でなくなった後においても、同様とする。

ここにある「正当な理由」とは、どのようなことであろうか。このことを考える上で、念頭に置いておく必要があるのが次の条文である。

児童虐待の防止等に関する法律
第六条　児童虐待を受けたと思われる児童を発見した者は、速やかに、これを市町村、都道府県の設置する福祉事務所若しくは児童相談所または児童委員を介して市町村、都道府県の設置する福祉事務所若しくは児童相談所に通告しなければならない。
2　前項の規定による通告は、児童福祉法（昭和二十二年法律第百六十四号）第二十五条の規定による通告とみなして、同法の規定を適用する。
3　刑法（明治四十年法律第四十五号）の秘密漏示罪の規定その他の守秘義務に関する法律の規定は、第一項の規定による通告をする義務の遵守を妨げるものと解釈してはならない。

この条文に記されているように、児童虐待を受けたと思われる児童（受けた児童だけではない）を発見した者は、守秘義務よりも通告を優先すべきなのである。

このことは，実習生という立場であるからといって，通告義務が除外されるものでない。子どもの命を守り，育ちを支援する専門職となるべく実習に取り組んでいる者として，この条文の趣旨を十分に理解しておくことが必要である。

V　実習において留意すべき事項

2 安全危機管理

　実習を行う幼稚園，保育所，児童福祉施設では，子どもにケガや事故がないよう，様々な安全対策が必要になる。ここでは，安全対策などの安全危機管理についてどのような考え方があるか，また，実習生としてどのような態度が必要であるのかを説明する。

1）安全危機管理とは

　安全危機管理とは，子どものために「安全を確保」し，「危機を回避」するよう，「環境を管理（整備）」することといえるだろう。例えば，保育所の匍匐室（ほふく）の床に筆記用具が置いてある場面をイメージしてみよう。この状況で子どもが部屋に入ると，どのようなことが起きるだろうか。子どもはシャープペンシルを握り，振り回し，投げるといった行動をとるかもしれない。そして，そのとき，シャープペンシルのペン先で自分の体や他の子どもの体に傷をつけてしまうかもしれない。また，消しゴムを口の中に入れて飲み込んでしまう子どもも出てくるだろう。さらには，これによって窒息してしまうことも考えられる。匍匐室（ほふく）でこのようなことが起きないよう，子どもの手の届くところには筆記用具を置かないという，安全に関する事前の対策が必要になる。つまり，安全危機管理とは，子どもたちにケガや事故がないよう，子どもが生活する環境，活動・作業する環境の安全点検を行い，必要があれば事前に対策をしておくことといえる。

　幼稚園教育要領（例えば，第2章　ねらい及び内容　健康　3　内容の取扱い(6)），保育所保育指針（例えば，第3章　健康及び安全　3　環境及び衛生管理並びに安全管理(2)事故防止及び安全対策），幼保連携型認定こども園教育・保育要領（第2章　ねらい及び内容並びに配慮事項　第3　満3歳以上の園児の教育及び保育に関するねらい及び内容　健康　3　内容の取扱い

(6))において安全管理や安全対策に関連する内容が示されている。このことから，子どもに対する安全指導・安全教育も含め，職員により安全対策が求められる。

　実習施設における安全危機管理という場合，施設内外の環境における安全対策の他に，地震や火事などの災害発生への対応や不審者の侵入への対応なども含まれる。しかし，ここでは，とくに実習生として配慮してもらいたい内容について説明する。実習中の災害時の避難経路や不審者への対応については，施設長や実習担当者に確認をし，対応方法を熟知しておくことが必要である。

2）安全危機管理の実際

　安全危機管理を行う場合，2つの観点があると考えられる。1つ目は，ケガや事故が起きないよう，事前に対策を立てておくことである。これは，「予防」にあたる。2つめは，ケガや事故が起こってしまった後に，速やかに対処できるようにしておくことである。これは，「対応」にあたる。この節では，「予防」と「対応」について説明する。

(1)　ケガや事故を予防するために

　子どもにケガや事故が起きないようにするためには，何が大切になるだろうか。ここでは4つの観点でみていく。

　1つめの観点は「物理的環境の安全点検と対策」である。具体的には，幼稚園や保育所，認定こども園児童福祉施設内の環境，また，これらの施設の他に日常的に使用する施設外の環境（公園，川，散歩ルート等）における安全点検と対策である。

　これらの環境では，子どもにとってケガをしやすい状態になっていないか，誤って事故を起こしそうな箇所はないか等を点検しておく必要がある。例えば，施設内において，子どもが活動するときにひっかけてしまいそうな突起

物がないか，つまずいてしまう段差がないか。床においてある物や手の届きそうな所にケガや事故を起こすようなものがないか（例，ハサミやカッター，シャープペンシル等）。棚の上から落ちやすいものはないか。園庭の遊具の使い方で注意しなければならいことはないか（例，ブランコ使用中には近寄らない等）。施設外に出たときにゴミが落ちていないかどうか（例，タバコの誤飲，空き缶の口で切る等）。これらの点検を踏まえたうえで，子どもたちが活動する前に必要な対策をとる必要がある。

　これらの安全対策をとるために，リスクマネージメントの考え方がある。簡単に紹介すると，まず，①リスクの把握－事故に発展する可能性のある問題点の把握，②評価・分析－問題点の要因を分析する，③リスクの改善や対処－問題点を除去する，④リスクの再評価－問題点の除去後に，再度，リスクの把握をする，この一連の流れをくり返すことでリスクが少なくなり，より安全な環境が保たれるといえる。

　2つめの観点は，子どもの発達状況，性格傾向・行動特徴の把握である。例えば，発達状況を考慮すると，乳幼児であれば何でも口に入れてしまう等の特徴がある。このことから，乳幼児の手が届きやすい場所には，口の中に入るような小さな物（例，消しゴム，クリップ，ビー玉，ゴミ等）がないようにしておく必要がある。また，年齢が高くなれば，運動機能も高まるとともに，からだ全体を使ったあそびや動きができるようになる。このことから，子どもたちが動き回るスペースには，つまずきそうな物を置いておかないことが必要である。性格傾向面では，衝動性がある子ども，突発的な行動や不注意な子どもの行動，あるいは，自閉症児のパニックによる行動などで，ケガや事故が起きやすくならないか否かを把握しておく必要がある。これらのことは，子ども一人ひとりについて理解を深めることで，安全な対策がとれると考えられる。

　3つめの観点は，環境と子どもの相互作用である。室内では安全に行動できる子どもであっても，いったん外あそびになれば活動的になり，少々危険な行動をしてしまうこと等があるかもしれない。また，普段使用する場所で

あれば，子ども自身も注意しながら行動することができるかもしれないが，それ以外の環境ではどのように注意すればよいかわからないこともあり，これによってケガや事故を起こす可能性も考えられる。このようなことを考慮した上で，必要な安全対策をとることが望まれる。

以上の3つの観点は，環境や子ども理解を深めることでケガや事故発生を予測し，そうならないために事前に環境を整備することを可能にする。

最後の4つめの観点は，子どもに対して安全に行動するよう働きかける「安全教育」である。安全教育を行うことによって，子ども自身に注意を促し，危険を知ってもらうと同時に，安全に活動・生活できるよう，その方法に従って行動してもらうことである。安全教育については，全ての情報を子どもたちに伝えることはできないので，対象年齢や理解レベル等を考慮した上で，その時々で必要かつ重要な情報を簡単にまとめて伝えることが重要である。

以上のように，4つの観点から「予防」について説明したが，職員や実習生が安全対策を行い，子どもたち自らも安全な行動を心がけることができればケガや事故の発生が少なくなると考えられるので，環境と子どもへの働きかけの両方を心がけてもらいたい。

3）危機が起きた場合の対応

事前の対策，子どもへの安全教育を行っていても，ケガや事故が起きることがある。この場合，どうすればよいだろうか。実習生が行う対応として，基本となる2点について説明する。

まず，ケガや事故にあった子どもへケガの程度の把握および迅速な手当である。ケガや事故が発生したことに気がついた段階では，まず子どもの様子を把握する。出血の有無や痛む箇所を確認する。出血しているようであれば，直ちに簡単な止血を行う等の対応が必要である。

次に，職員への連絡である。緊急性のあるケガや事故の場合，子どもの状況の確認とともに，その場で大声で職員を呼ぶ必要がある。そして，駆け付

けた職員の指示を仰ぐようにする。また，緊急性がない場合でも，職員への連絡は怠らず，どのような状況で，どの程度のケガや事故が発生したのかを伝える。これは，些細なケガでも同様である。どのような状況でケガや事故が起きたのかを伝えることは，次のケガや事故が起きないようにするための対処が考えられるからという理由もある。また，これ以外にも大切なことは，最終的に保護者，養育者への説明が必要だからである。そのためにも，実習生はケガや事故が起きた状況を正確に理解し，職員に伝えなければならない。

4） 実習生の態度

　子どもにケガや事故がないようにするために，実習生にとって必要な態度について，次の3点を挙げておく。

①環境に注意深くなる。
②子どもの発達や行動傾向について把握する。
③子どものケガや事故の発生状況や対応方法などの情報に関心をもつ。

　以上の3点が必要な態度といえるが，①，②については先の節と重複するので，ここでは③についてのみ説明を加える。
　③のケガや事故の発生状況に関心をもち，知ることは，子どもがどのような状況や場面で，どのようなケガや事故を起こしやすいのかを知ることといえる。また，それを知ることで，ある場面において発生しやすいケガや事故を事前に回避する手立てを考えることができることにもなる。つまり，一般的な事例から，子どもたちが関わる環境の安全対策に適用させることができるようになるのである。また，事故が起きたとしても迅速かつ正確な対応ができるよう準備しておくことも可能になる。このことから，子どものケガや事故の発生状況の情報については，常日頃から関心をもつようにすることを勧める。

3 現場実習における感染症とその予防

　わが国では，栄養状態の改善や衛生環境の整備および抗生物質の開発などにより，感染症は軽症化し，予防接種の普及によって感染症による死亡例は減少した。しかし，地球規模でみると，感染症の脅威は相変わらず続いている。2009年には，鳥インフルエンザとヒトインフルエンザの変異である豚インフルエンザが，ヒトからヒトへ感染することで，WHOによって新型インフルエンザに指定され，世界中に大流行した。このような状況下で，実習に当たる学生は，感染症に関する基本的な知識を備えておく必要がある。

　実習の現場では，感染症が発生，拡大する危険性が常に潜在している。現場での実習を実施する際には，まず登園時や朝の会での健康状態のチェックが重要となることを，十分理解する必要がある。

　本章では，感染症についての基本的な知識や，学生が実習先で遭遇する可能性の高い子どもの感染症を取り上げ，実践的な知識と予防方法および，予防接種の実態について述べる。

1）感染症の基礎知識

(1) 感染症とは

　感染とは，病原体である微生物が動物や植物に侵入し，定着して増殖することで，感染後，微生物によって生体が障害され発症する疾患を感染症という。感染症が発症するためには，感染源・感染経路・宿主（ヒト）の感受性の3つの条件がそろうことが必要である。また，潜伏期とは，感染があってから症状発現までの期間のことで，不顕性感染とは，原因となる病原体を保有しているが，感染症を起こしていない状態で，免疫だけがつくられることである。

① 感染源

感染症を発症している患者や、感染症を発症していないが原因となる病原体を保有しているヒト（保菌者）を感染源という。また、感染源はヒト以外に感染している動物も含まれる。この場合、ヒトや動物の分泌物（喀痰、鼻汁、唾液、膿汁）、排泄物（尿、糞便）、血液に病原体が存在している。また、植物、食物、土壌も感染源となる。
　病原微生物としては、ウイルスが最も多く、次いで細菌で、その他に真菌（カビ）、リケッチア、原虫などがある。

② 感染経路

　感染源から病原体が生体に感染する経路のことで、同じ世代の横への感染である水平感染と、母親から子どもへの垂直感染がある。水平感染には、飛沫感染（風疹など）、空気感染（麻疹など）、経口感染（赤痢など）、経皮感染（破傷風、日本脳炎など）、接触感染（性病など）、血液感染（B型肝炎、HIV等）がある。
　集団保育の現場では、伝染力の強い感染症の水平感染を予防する対策を講じる必要がある。

③ 宿主の感受性

　病原体である微生物と、宿主であるヒトとの相互関係のことで、微生物の毒性や増殖能力に対し、ヒトの抵抗力や免疫力がどのように反応するかが重要な条件となる。

(2) 感染症の移り変わり

　最近の感染症では、以前にみられなかったような感染症がみられる。日和見感染症とは、がんやエイズ等で抵抗力が低下した宿主に発症する感染症のことで、本来、健康なヒトには感染を起こさないような弱毒な病原体が原因となる。院内感染症とは、病院や施設内での細菌、ウイルス、原虫などによる感染症のことで、感染が起きた場所により、市中感染症と院内感染症に分けられる。また、日本国内だけでなく、外国で感染して国内に持ち込まれるものを輸入感染症（旅行者感染症）という。水際作戦とは、空港や港で感染

症が国内に持ち込まれないようにすることで、これを検疫という。

2）感染症の種類

　日本の感染症対策は、1897年制定の伝染病予防法に基づいて行われてきたが、1998年に100年ぶりに改正され、「感染症の予防および感染症の患者に対する医療に関する法律（感染症法）」となり、その後2003年、2006年に改正が行われている。このなかで、感染症は一類から五類に分類され、政令により1年間指定された既知の感染症を**指定感染症**、未知の感染症で危険性が極めて高いと考えられるものを**新感染症**とした。

一類感染症：感染力、重篤度ともに極めて危険性が高く、原則入院、消毒、特定職業の就業規制がとられる。エボラ出血熱、クリミア・コンゴ出血熱、マールブルグ病、ラッサ熱、ペスト、南米出血熱、痘そう。痘そうは、バイオテロ対策として加えられた。

二類感染症：感染力、重篤度ともに危険性が高く、状況に応じて入院、消毒、特定職業の就業規制がとられる。急性灰白髄炎（ポリオ）、結核、ジフテリア、重症急性呼吸器症候群（SARS）。

三類感染症：危険性はそれほど高くないが、集団発生の危険があるもの。腸管出血性大腸菌感染症（O-157等）、コレラ、細菌性赤痢、腸チフス、パラチフス。

四類感染症：動物またはその死体、飲食物、衣類などを介してヒトに感染するが、ヒトからヒトには感染しない。狂犬病、エキノコックス病、オウム病、Q熱、日本脳炎、レジオネラ病、マラリア、発疹チフス等。

五類感染症：国が感染症発症調査を行い、その結果を一般国民や医療関係者に公開し、発生・拡大を防ぐべき感染症。後天性免疫不全症候群（AIDS）、梅毒、性器クラミジア感染症、破傷風、インフルエンザ、麻疹、風疹、百日咳、流行性耳下腺炎など。

3）子どもの感染症

(1) ウイルス感染症

① **麻疹**（はしか）：麻疹ウイルスが気道から空気感染する。潜伏期は10～12日で，主症状は発熱，発疹，せきである。伝染力が強く，保育園や施設で流行しやすい。

症状）(1) カタル期：発熱，鼻汁，目やに，せき等のカタル症状がでる。頬の粘膜に白いコプリック斑が出現する。

　　　(2) 発疹期：カタル期の終わりに，いったん熱は下がるが，再度，体温が急激に39～40℃まで上がり，発疹が出現する。

　　　(3) 回復期：体温は次第に下がり，発疹は徐々に消退する。

合併症）中耳炎，肺炎，喉頭炎，下痢の頻度が高く，脳炎の中には感染から約5～10年後に発症する亜急性硬化性全脳炎がある。MRワクチンによる予防接種（定期接種）がある。

② **風疹**（三日ばしか）：風疹ウイルスが気道から飛沫感染する。潜伏期は14～21日で，主症状は発熱，淡い発疹，リンパ節腫脹である。重篤化することはまれで，発疹も3～4日で消退することから，「三日ばしか」と呼ばれる。

　妊娠初期の母体が風疹にかかると，胎児が感染して先天性風疹症候群を起こす危険性がある。MRワクチンによる予防接種（定期接種）がある。

③ **水痘**（みずぼうそう）・**帯状疱疹**：水痘・帯状疱疹ウイルスが接触，または空気感染する。潜伏期は14～21日で，主症状は，発疹（小水疱をともなう小丘疹）と発熱で，感染力が強く，園や施設で流行しやすい。

　水痘の発症成立後，ウイルスが知覚神経に潜伏し，一部が帯状疱疹として健常小児や乳児に発症することがある。予防接種（定期接種）がある。

④ **流行性耳下腺炎**（おたふく風邪）：ムンプスウイルスが原因で，飛沫感染する。潜伏期は17～21日で，主症状は耳下腺のはれと発熱で，食

べ物を噛んだり飲んだりすると痛む。合併症の難聴は多くが片側性であり，非常に難治である。予防接種（任意接種）がある。

⑤　インフルエンザ：インフルエンザウイルスによる飛沫感染で，年によって流行が異なる。潜伏期は1～2日で，突然の高熱，悪寒，咽頭痛，頭痛，関節痛，倦怠感などの強い全身症状で発症する。予防接種（任意接種）がある。

⑥　急性灰白髄炎（ポリオ）：予防接種の普及により，わが国では発症をみなくなった。潜伏期は7～14日で，発熱などのかぜ症状の後，熱が下がると腕や足が麻痺する。このため，「小児まひ」と呼ばれる。しかし，感染しても発病しないで自然に免疫を得る場合もある。予防接種（定期接種）がある。

⑦　手足口病：潜伏期は2～7日で，口の中と手のひら，足の裏の発疹（米粒大の赤い水泡）が特徴である。水泡は，1週間から10日ぐらいで消える。

⑧　突発性発疹：生後6ヵ月～1歳ごろまでの乳児がかかりやすい。突然40度程度の発熱があり，3～4日間持続した後，熱が下がると同時に淡紅色の細かい発疹がでる。発疹は，1～3日で消える。

⑨　伝染性紅斑（りんご病）：幼児や小学生がかかる。潜伏期は7日前後で，鼻を中心に蝶の形をした紅斑が現れる。この紅斑がりんごに似ていることから，「りんご病」と呼ばれている。

⑩　日本脳炎：コガタアカイエカによってヒトに感染する。ブタでの流行がヒトの感染を引き起こすとされる。潜伏期は7日前後で，急激な発熱と頭痛で発症する。嘔吐，痙攣，意識障害などを起こし，死亡率が高い。予防接種（定期接種）がある。

⑪　ウイルス性肝炎：A型肝炎は，汚染された食べ物や生水から経口感染し，急性肝炎のみを発症させる。全身倦怠，食欲不振，発熱などに続き黄疸が出てくる。B型肝炎とC型肝炎は血液を介して感染し，急性肝炎と慢性肝炎の両方を発症させる。B型肝炎の母子感染は，免疫グロブリンとHBワクチンにより予防が可能となった。また，C型肝炎は治療法の

進歩により，ウイルス除去が可能な例もみられるようになった。
⑫ **嘔吐下痢症**（ロタウイルス，ノロウイルス）：ウイルスによる腸管感染症の原因では，ロタウイルスが最も多く重症である。
 (1) ロタウイルス：潜伏期が1～3日，乳幼児に好発し冬季に多く，白色下痢便がみられるため，仮性コレラや白痢と呼ばれることがある。嘔吐も頻度が高く，呼吸器症状を伴うことがある。
 (2) ノロウイルス：貝などの生鮮食料品や環境水を介する食中毒の集団発生の原因として重要で，乳幼児から成人まで幅広く感染する。
⑬ **伝染性軟属腫**（みずいぼ）：乳幼児にみられるいぼで，激しいかゆみを伴う。内容はチーズ状で，園のプールでうつることがある。

(2) **細菌感染症**
① **腸管出血性大腸菌O-157**：汚染食物を通して病原性大腸菌がヒトの体内に入る。潜伏期は2～9日，主症状は腹痛，下痢，血便で，約10%に溶血性尿毒症症候群が起こる。急性脳症がおこると，意識障害となり，約半数が死亡する。
② **細菌性赤痢**：潜伏期は2～5日，主症状は発熱，下痢，腹痛で，血液や粘液がまじった下痢便が見られる。排便の後に，すぐまた便を出したくなる（しぶりばら）のが特徴である。排菌しているのに症状の現れない保菌者がみられ，他人に伝染させる危険性がある。
③ **百日咳**：百日咳菌の飛沫感染による。潜伏期は7～14日で，かぜ様のせきで始まり，そのうち特徴的なせきの発作が出現する。これをレプリーゼという。DPT-IPV四種混合ワクチンによる予防接種（定期接種）が行われている。
④ **破傷風**：破傷風菌は土壌中に存在し，傷口から感染して発症する。ヒトからヒトへの感染はない。潜伏期は5～14日で，発熱，痙攣がみられ，死亡率が高い。物をかむ筋肉が強直して，口が開きにくくなる開口障害が特徴的である。DPT-IPV四種混合ワクチンによる予防接種（定期接種）

が実施されている。
- ⑤ **ジフテリア**：潜伏期は3～5日，感染部位は咽頭（のど）や喉頭で，感染するとその部位に白い偽膜がつく。このために，声がかれて呼吸困難が起こり，窒息する危険性がある。DPT-IPV四種混合ワクチンによる予防接種（定期接種）が実施されている。
- ⑥ **結核**：結核菌による空気感染で，肺，リンパ節，脳，腎，骨などに感染するが，肺結核が最も多い。乳幼児は，主として家族から感染する。原因不明の発熱がみられることがあるが，ツベルクリン反応が陽性になり，胸部レントゲン検査で診断されることが多い。乳幼児では，重い粟粒（ぞくりゅう）結核や結核性髄膜炎となることがある。BCGによる予防接種（定期接種）がある。
- ⑦ **伝染性膿痂疹**（とびひ）：擦り傷や虫刺されをかきむしったところに，黄色ブドウ球菌や連鎖球菌が感染して発症する。水疱や黄色のかさぶたができ，水疱が破れて液がつくと，そこに水疱ができ"とびひ"して広がっていく。園のプールでの水あそびや水泳は，治るまで禁止することが望ましい。
- ⑧ **溶血連鎖球菌**（溶連菌）**感染症**：ヒトに感染を起こすのは，A群β溶連菌が多い。とびひ，扁桃炎，猩紅熱などの原因となり，感染後の過敏反応でリウマチ熱が起こる。

4）教育・保育現場での感染症対策

(1) 幼稚園・保育所・認定こども園・施設内での感染症と水平感染の予防

　麻疹，水痘などの伝染力の強い感染症については，「学校保健安全法」により第1種（感染症法の一類と二類感染症），第2種（インフルエンザ，百日咳，麻疹，風疹，水痘，結核など），第3種（細菌性赤痢，腸管出血性大腸菌感染症など）に分けられ，出席停止基準が設けられている。保育所や施設もこれに準じている。

飛沫感染，空気感染を防ぐには，室内の換気や空調の整備，ベッドの間隔をあける，マスクの着用などを考慮する。経口感染に対しては，安全な飲料水の供給をはじめ，給食を含めて食品の衛生的な取扱に十分注意する必要がある。

(2) 消毒

消毒は，病原微生物を身体の外で死滅させることで，滅菌はすべての微生物を殺すことである。これらは，感染経路対策として重要な手段である。「消毒滅菌法」には，理学的方法と化学的方法とがあり，理学的方法としては，煮沸，乾熱滅菌，高圧蒸気滅菌，紫外線，超音波，ろ過などの方法がある。衣類，タオル，おもちゃ類，哺乳瓶，部屋の床，トイレ，便器などが対象となり，手指の消毒と手洗いの励行は，日常のケアをするうえでも極めて大切である。

(3) 予防接種

わが国では，予防接種が多くの疾病の流行防止に大きな成果を上げてきた。今後，国民全体の免疫水準を維持するために，予防接種の接種機会と一定の接種率を確保することが重要となる。

予防接種は，現在義務接種が勧奨接種，集団接種が個別接種へと変わっている。また，予防接種には法律で定められた定期接種と任意接種があり，基本的には，体調の良い適切な時期に個別で接種が行われる。図5－1に2018年4月1日現在（2018年6月19日一部追記）の日本の定期／任意予防接種スケジュールを提示したが，随時，更新されるため，最新のものを確認するとよい。

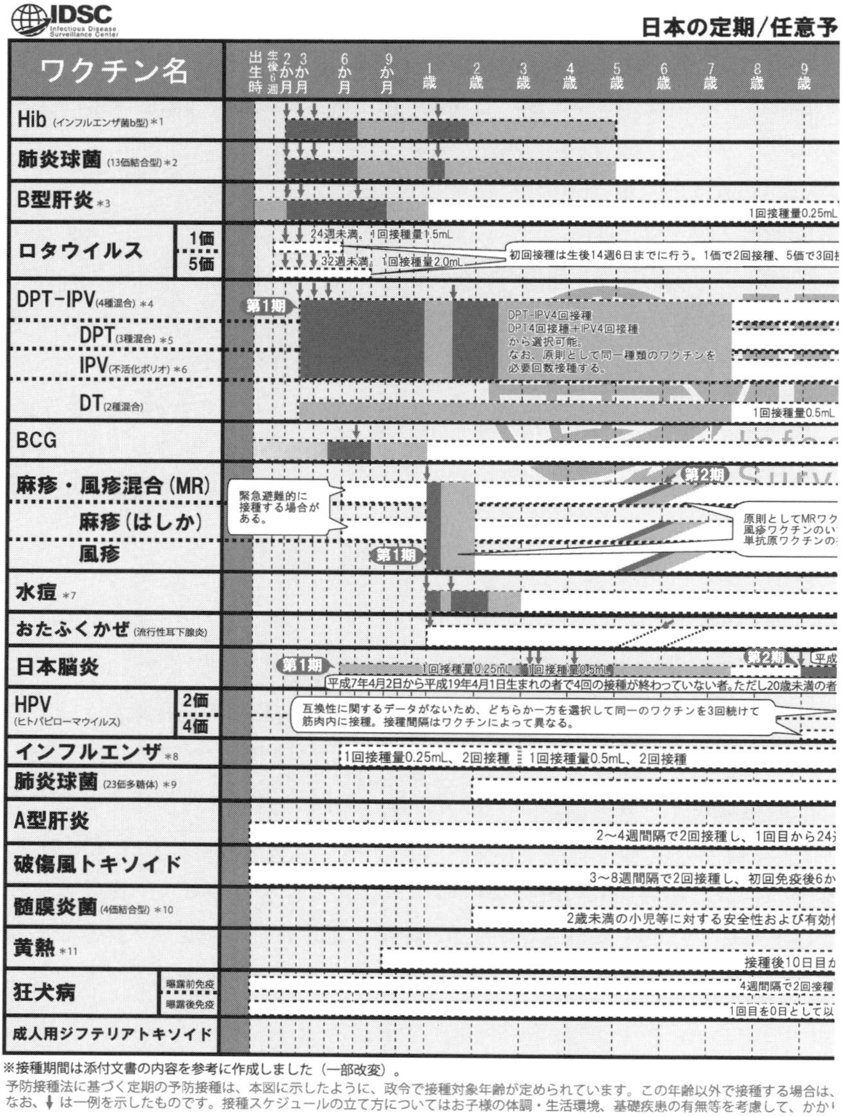

図5-1　日本の定期／任意予防接種スケジュール（平成28年10月1日以降）
〔出典：国立感染症研究所Webサイト
https://www.niid.go.jp/niid/images/vaccine/schedule/2018/JP20180401_02.pdf（2019年

V 実習において留意すべき事項

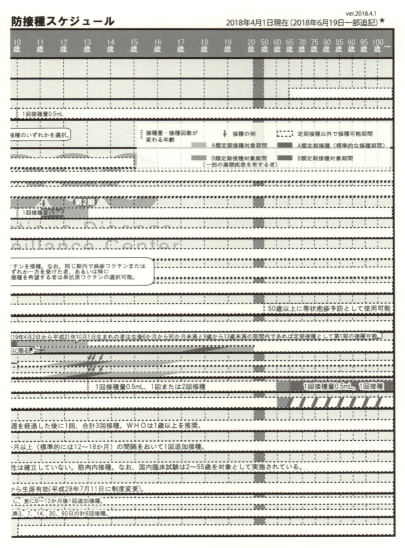

[文献]
1）宇佐川　浩編：新版　小児保健Ⅱ障害児の理解と発達支援，建帛社，2008．
2）奥野英雄・多屋馨子：総特集　誰でもわかる予防接種　小児看護40　へるす出版，2017．
3）萩原暢子：子どもの感染症とその予防　子ども教育研究2　京都ノートルダム女子大学「こども研究」刊行会，2017．
4）巷野悟郎編：こどもの保健，第7版追補，診断と治療社，2018．
5）厚生労働省：感染症法に基づく特定病原体等の管理規制について
　　https://www.mhlw.go.jp/bunya/kenkou/kekkaku-kansenshou17/03.html
　（2018/12）．
6）澤田　淳・細井創編：最新子ども保健，日本小児医事主版社，2017
7）国立感染症研究所：予防接種スケジュール
　　https://www.niid.go.jp/niid/ja/schedule.html．

VI

保育教材の作成

子どもの発達には，①自然に育つもの②教えて育つものがある。教育・保育を行う保育者は，園での日々の生活の中で，子どもたちを『見守る』『援助する』『提案する』『教える』等々，様々な関わりをもっている。
　平成29年3月告示，平成30年4月より適用となった『幼稚園教育要領』『保育所保育指針』『幼保連携型認定こども園教育・保育要領（以降，「教育・保育要領」と表記する）』は，整合性がはかられた。
　子どもが主体的に遊ぶ中で，発見したり，試したりしながら様々な感動体験を通し，成長していくことが重要であり，保育者は，子どものあそびを発展させたり，継続させたりするために，きっかけづくりなど環境を整えることが求められる。

　実習生の多くは，養成校で授業を受けただけで実習をするため，子どもの発達を連続した姿ではとらえにくい。また，実習生が部分実習，全日実習（または一日実習）をする場合は，連続した活動や日々の保育の取り組みからの続きではないことや，し残したことがあっても続きをしたり，フォローすることはできないため，1回で完結するものを考えた方がよいと思われる。当日の不安や緊張することを考えて簡単な内容を選んでしまうこともあるようだが，貴重な機会であるため，思い切って大きな活動に取り組んでみよう。
　実習でよく扱われるものには次のようなものがある。
　①　視聴覚遊具……………………絵本，紙芝居，ペープサート，エプロンシアター，指人形など
　②　手づくりおもちゃ…………布絵本，布製着せ替え人形，ミルク缶のおもちゃ，ペットボトルのおもちゃ，ひも通し等
　③　子どもが主体となるあそび……製作（画用紙，折り紙，箱，布，毛糸，紙粘土，ひも，リボン，牛乳パック・プリンカップ等の廃材，どんぐり・落ち葉・小枝などの自然物の素材を使う）

Ⅵ　保育教材の作成

> 運動あそび，音楽あそび，新聞紙あそび，シール貼り，手あそび等

　指導案を立案するときに，何をどのようにすればよいか，迷うだろう。もちろん，初日に指導実習をすることはなく，何日かクラスに入って園の環境や子どもたちにある程度慣れてからのこととなる。しかし，数日だけでは，子どもの発達や生活の様子などを把握しきれないことが多々ある。その中で，何をポイントに活動を計画するとよいかをいくつかの園での実践例を取り上げて確認してみよう。
　部分実習・責任実習（全日実習または一日実習）を担当する手順をあげると，次のようになる。
　⑴　実習園の方針をよく理解する。
　⑵　担当する子どもの年齢の発達について，「幼稚園教育要領」「保育所保育指針」「教育・保育要領」を参考に理解しておく。
　⑶　担当するクラスの子どもの発達状況や特長，興味のあること等を把握する。
　⑷　担任が特に取り組んでいること等を聞いておく。
　⑸　環境構成と使用する材料を選ぶ。
　⑹　指導案を作成する。
　⑺　担任の先生と念入りに打合せをする。
　⑻　実践する。
　⑼　実施した活動の評価・反省をする。

　⑴〜⑷は，オリエンテーションで確認したり実習に入ってから記録などをこまめにとっておくと，活動の計画を立てる際に役立つ。オリエンテーションの際に，実習するクラスが決まれば，まず，その年齢の子どもの発達について「幼稚園教育要領」「保育所保育指針」「教育・保育要領」を中心に理解を深めておくことをすすめる。この3つの要領・指針が整合性をもち，3つ

の幼児教育機関が，同じ目的を共有することとなり，どの施設でも質の高い幼児教育を目指している。実習前にはこの3つの要領・指針，とくに育みたい資質・能力として「資質・能力の3つの柱」幼児期の終わりまでに育ってほしい10の姿などをよく読み，理解を深めておくことが保育者が行う援助・配慮や活動のねらいの意図を読み取りやすくするので，事前の準備をしっかりとしておこう。それぞれの『解説書』も参考にするとよい。また，実習が始まってからではなく，日頃から，いろいろなことに興味をもち，遊びに行った先でのディスプレイ（例えば，クリスマスの装飾，カード）等，ちょっとした工夫やアイデアに目を向け，自分の中の引き出しにためておくと役に立つ。

　また，テーマパークは，保育するときに大切な導入部分と同じような導入があるので，遊びに行ったときには，意識して見て覚えておくと役に立つ。
　(5)の使用する材料を選ぶときに大切なことは，
　　①「発達に合っていること」
　　　これは，発達段階に応じて，その発達を促すようなあそびを選ぶということである。指先を使って，出し入れしたりはめたりなどの活動や身体全体を使って跳ぶ，くぐる，登る等，また，歌う，演奏する等，子どもの年齢に応じた活動を考えなければならない。
　　②「安全でかつ衛生的であること」
　　　使用する材料や遊具は，安全でケガをしないことが重要である。例えば，口に入れて誤飲しない大きさのものや簡単に外れないもの，なめて色落ちしないものを選ぼう。乳児は，とくに何でも口に入れるので，これらに注意するとともに，使用によって感染症にかからないよう，衛生面に十分注意しなければならない。

　次に，(6)で大切なのは，目標やねらいを欲張りすぎないことである。ねらいを1つ選び，導入を念入りに行うことで，子どもの興味をひき，活動がスムーズにいくことを覚えておこう。
　　例えば，牛乳パックでカバンを作って遊ぶということについて

Ⅵ　保育教材の作成

- 牛乳パックでの製作
- カバンを作る。
- 製作の後で,カバンを使って遊ぶ。

これらのどこに重点をおくのかを考える必要がある。

牛乳パックでの製作であれば,カバンに限らなくてもよいし,カバンを作ることが目的であれば牛乳パックだけでなく,様々な箱や袋を準備して,子どもたちがイメージするカバンを作ることが大切となってくるため,何を育てるためにこの活動をするかを意識して考えることが必要である。

よくある例を挙げると,5歳児に楽器あそびがしたいということで,次のような目標を立てられることがある。

ねらい:楽器を作ることを楽しみ,作った楽器で演奏する喜びを味わう

ここで,いくつかの課題がある。

- 時間配分

　　2つのねらいを達成するだけの時間があるかどうか。それぞれの活動に要する時間配分を考える必要がある。

- 楽器の種類など,活動のイメージができる導入

　　楽器はよく知られているものから,民族楽器のようにあまり知られていないものまでたくさんあり,どのような音がするのか,どのように演奏されているかを知らなければ,必要な材料を選ぶことや,どのように音をならせるようにするのか,イメージがもてない。

- 個人差により楽器の製作時間が違うが,先にでき上がった子どもたちはどうするのか

　　これは時間配分と関係するが,先にでき上がった子どもは,ある程度音を鳴らして遊ぶと,種類や複雑さによるが,皆で演奏するまでに違うあそびになってしまうことがある。また,逆に製作に時間がかかり過ぎて演奏にいたらないこともある。製作している子どもに「先生」と呼ばれ,遊んでいる子どもにも「先生」と呼ばれ,対応しにくい状況になるため,先にできた子どもにどのような対応をし,皆で演奏するまで,ど

のように遊ぶかを考えておくことが大切である。
- 楽器の製作の材料

　導入やこれまでの子どもの経験により，個々に作ろうとイメージするものが違うため，できるだけ子どもの要求に応えられるような材料を選んで準備することが大切である。簡単なものは，ヤクルトの容器に小豆，砂，米，石などを入れたマラカスから，複雑になると固い箱に切り目を入れてゴムを張って弦のようにして鳴らすものまで様々である。ヤクルト容器のマラカスは，低年齢の子どもからできるので，よくとりあげられるが，「マラカス」という楽器は横に振ってガシャガシャ鳴らすのではなく，本来，中に入っているものを集めてチッチッチッと上下に振って鳴らすものである。保育者が様々な楽器について知っておく必要があるだろう。また，ヤクルト容器で作ったものをマラカスではなく，何か他の名前をつけてもよい。このように，環境を整え配慮することを考えて取り組むことが，子どもたちの取り組みの意欲や心情をかきたて，発展的なあそびにつながることや自分の作品を丁寧にいつまでも大切に使うことにもなる。この活動（あそび）を通して「学びに向かう力，人間性等」を土台とし，「知識や技能の基礎」「思考力・判断力・表現力等の基礎」が育まれることが大切となる。

次に，素材や活動別に，活動内容を選択するときの配慮や留意点などについて考えてみよう。

1 視聴覚遊具

　絵本，紙芝居，ペープサート，エプロンシアターや指人形などは，子ども達が見て楽しむ活動である。これらは，日本昔話，童話などでも良いし，そ

のクラスの生活面での課題やしつけ，また，子どもたちの興味のあることから創作したものでも良い。また，これらは子どもたちの集中力を養うことと，これから行おうとする活動の導入として用いることができる。例えば，歯磨き指導に入る前に，「歯ブラシマン」の絵本を読むとか，苗植えの話や苗植えの活動の前に「大きなかぶ」のエプロンシアターをする等，主な活動に入る前に，活動がスムーズにいくよう，子どもたちが興味をもち，子どもたちの期待を高めるための導入として取り入れることができる。

　これらを子どもたちに見せるにあたっては，突然始めるのではなく，子どもたちが何が始まるのだろう，先生は何をしてくれるのかな？とドキドキわくわくするような働きかけが大切である。子どもを集めるための方法や見る環境を整えることや集中できるようなきっかけを作ることで，子どもたちの興味がわき，集中して話を聞くことができる。

　これらの活動時の環境で大切なことは，

(1) 採光

　子どもたちからよく見えること。光が差し込んで絵本が光って見えない，うす暗くてよく見えないということがないようにする。

(2) 保育者の位置と子どもの位置

　子どもの目線と対象物との高さや子どもの座る際の広がり方，並び方などに配慮するとともに，どの子どもにもよく見えるように保育者の座る（立つ）位置を考える。

(3) 声の大きさや効果音

　声の大きさを考えたり，効果音を入れたりする等，話をより盛り上げる工夫をする。

　これらの様々な視聴覚遊具を楽しむ活動を通して，子どもたちは，共感，情緒の安定，集中力，想像力などが養われるため，ただ単に見せるのではなく，発達に大きく関わっていることを意識しておこう。

　絵本の読み聞かせについては，ただ単に絵本を読んで聞かせるのではなく，そのことが子どもの心の育ちに大きく影響していく。自己肯定感や愛情と信

頼感などの豊かな心情，思考力，知識，読書の基礎，想像力とイメージの形成，言葉の獲得，価値観や倫理観など，目に見えないものではあるが，これらの心の育ちには絵本の影響も大きい。そのため，絵本の選び方から，読み聞かせの準備，読み方に至るまでの留意事項を調べて理解しておく必要がある。

紙芝居は，絵本と似ているようであるが，その効果や見せ方は違うので，絵本同様，紙芝居についても理解を深めておこう。

2 いろいろな素材を使った手づくりおもちゃ

乳児クラス（0歳児〜2歳児）では，保育者が様々な材料を使い，子どもの発達に即したおもちゃを作り，子どもたちはそのおもちゃで遊んでいる。その種類と遊べる年齢について考えてみよう。

子どもたちの年齢と発達を考えて作るため，簡単な物でも細かく丁寧に考える必要がある。例えば，ペットボトルの中にカラフルなビーズや玉を入れて振ると音が出るというおもちゃを作るとする。1歳になったばかりの子どもを対象とする場合，500mlのペットボトルを小さな手のひらで持って振れるかを考える必要がある。ヤクルト容器の大きさであれば，ちょうど握るのに適当な大きさである。中に入れる物は，小豆や米，ビーズなどにすると同じ容器でもそれぞれに音が変化し，子どもの力で振っても明瞭な音がするため，子どもたちは喜ぶ。簡単なおもちゃを作るといっても，必ず試作が必要である。

実習生は，おもちゃを上手に作ることができても，それをどのようにして子どもに遊ばせたらよいか悩むことが多い。例えば，上記の音がでるおもちゃであれば，まず，導入として子ども達を集め，"音"に関する手あそびや絵本，歌などを用いて遊ぶ。次に，このおもちゃを見せて，再度歌を歌いながらそれに合わせて音を鳴らしてみる，コロコロ転がして音を聞いてみるなど，

Ⅵ　保育教材の作成

あそび方を変えて遊ぶことができる。歌う曲は，乳児がよく知っていて，リズムの刻みやすいものを選ぶとよい。

　他にどのような手づくりおもちゃがあるかを写真で紹介する。

　写真6-1は，ミルク缶に布を張り，口にゴムを入れて，中が少しだけ見えるようにし，その中に布製の

写真6-1　ミルク缶の布製おもちゃ（出し入れ）

小さなボールや大小様々な形の布，その他いろいろな物を入れたり出したりして遊ぶことができるおもちゃである。ミルク缶は，出し入れするという活動を何度もくり返す発達段階の子どもたちにはとても人気がある。自分で出し入れすることもでき，保育者がいろいろな物を入れておいて，何が出てくるかを楽しみにすることもできる。長くつなげた布やカラーボール，その他，ぬいぐるみを何でも出し入れをくり返し楽しむことができ，とても使いやすい。

　ここで注意しなければならないことは，このおもちゃの安全面である。ミルク缶を開封した後の切り口は，そのままだと危険なため，金槌でよくたたいて，ビニールテープを何重にも巻き，ふちに触れても危なくないようにしておかなければならない。また，ミルク缶に出し入れする小さなボールは，口に入らない大きさのものを用意する必要があり，布製が望ましい。この年齢の子どもたちは，なめたり口に入れたりするので，色落ちがするようなものや口に入れて飲み込んでしまうような大きさのものは避けなければならない。

　写真6-2は，布やフェルトで作っ

写真6-2　布製キューブパズル

139

たパズルを並び替えて，犬やワニ，キリン，象などの動物になるよう絵を合わせて遊ぶものである。写真6－3は布絵本で，お弁当を包んだり，パジャマを着せたり，ボタンをはめたり等，遊びながら指先を動かしていろいろな細かな動作ができるような発達を促すものである。

　その他，布製のにわとりで，中から卵を出し入れでき，卵を裏返すとひよこになる布おもちゃ（写真6－4），牛乳パックで作った7面体の絵本（写真6－5），布製の重なるカエル（写真6－6），軍手で作った指人形（写真6－7），転がしたり振ったり積んだりできるおもちゃ（写真6－8），プレイボード（引っ張ったり，くっつけたり等，いろいろな活動のできるボード）（写真6－9）の他，写真6－10〜12がある。これらは，主に3歳未満児の子どもたちがよく遊ぶおもちゃである。3歳以上児には，保育者は，複雑なパズルやカルタを作ったり，3色食品群（食育の栄養素を3色に分類）のボー

写真6－3　布絵本

写真6－4　布おもちゃ（からくり）

写真6－5　牛乳パック絵本

写真6－6　布おもちゃ（穴通し）

Ⅵ　保育教材の作成

ドを作ったり，子どもたちが活動するための準備段階のものを作ることが多くなる。

写真6−7　軍手指人形

写真6−8　ミルク缶・布製おもちゃ（転がし）

写真6−9　プレイボード

写真6−10　ダンボール製乗り物

写真6−11　ペットボトルのマラカス

写真6−12　布製ビックリ人形

141

3 子どもが主体となる活動

　子どもが主体的・自発的にあそびを展開する中で，感じたり，気づいたり，試したりをくり返しながら，「次はどうなるのだろう」「もっと遊んでってみたい」という心情や意欲が育つよう，また，子どもの主体的なあそびが，より豊かに展開するよう，保育者は，環境を整え，援助することが必要である。日々の連続したあそびの中で，子どもの様子，興味・関心，日々の成長を読みとり，次の展開へとつながるよう「環境を通した」保育を実施していることを，様々な場面で見ることができるであろう。

　保育者が準備や活動の援助をし，子どもたちが主体となる活動を挙げる。あそびの種類や活動の分類は視点によって様々であるため，ここでは，実際の活動について，写真を使って説明する。

　写真6－13のシール貼りの活動は，年齢や発達により，準備や子どもの活動は次のようになる。

- （共通）　　　　・子どもの扱いやすい大きさに切った色画用紙とシールを準備する
- （0歳児クラス）・保育者が子どもの人さし指の爪の端にシールをつける
  - ・子どもがそのまま人さし指を色画用紙におくと，糊の部分が画用紙につき，シールが貼れる
- （1歳児クラス）・自分で台紙からシールをはがして画用紙に貼る
- （2歳児クラス）・自分で台紙からシールをはがして，画用紙の自分の思うところに貼ることができる

　写真6－14のひも通しは，
- （1歳児クラス）・大きな穴のあいたものに太いひもを通す
- （2歳児クラス）・小さな穴のあいたものに細いひもを通す

　ひもは，荷造り用の平テープをねじったものや平テープを三つ編みに編んだもの，綿糸を編みこんだものを利用し，先はテープを巻きつけて通しやす

Ⅵ 保育教材の作成

写真6-13 シール貼り

写真6-14 ひも通し

くしておく。通すものは，三角・丸・四角に切った段ボールの中をくりぬいて，色をつけたもの，短く切ったストロー，紙粘土など，市販のもの以外に子どもの発達に応じて手づくりすることができる。

このように，同じ活動でも年齢によって準備物や活動内容の異なる他の活動を例に挙げると，「こいのぼり製作」がある。こいのぼりの目を作るには，
（3歳児クラス）保育者が丸く切った大中小数種類の目玉を準備しておく。のりで貼ることは教える必要があるが，目玉を選び，どのように貼るかは，子どもが考えてできるようにしておく。
（4歳児クラス）保育者が大中小数種類の○を描いた線に沿ってはさみで

写真6-15 クレパスでのなぐり描き
　　　　　（1歳児）

写真6-16 タンポ筆でのなぐり描き
　　　　　（2歳児）

143

　　　　　切り，大きい順番にのりで貼る
（5歳児クラス）自分で大中小数種類の○を描き，線に沿ってはさみで切り，
　　　　　大きい順番にのりで貼る

　写真6-15は，1歳児クラスのなぐり描き，写真6-16は2歳児クラスのタンポ筆を使ったなぐり描き，写真6-17は3歳児クラスの折り紙製作である。4～5歳児クラスでは，グループに分かれて話し合いをし，共同で製作したり，本物そっくりの美味しそうな食物を製作したりする等，協調性，創造性，技術などが発揮される（写真6-18，6-19）。

　小麦粉粘土は，乳児クラスでよく取り入れられる活動である。小麦粉に塩（日持ちがするよう，なめたときに塩辛くて食べないようにするため）と食用油（小麦粉が手につかないようにするため）を少量混ぜて，水を加えながらよくこねる。硬さは水の量や温度により異なるので，調節する。これは，安全で硬さも調節できて扱いやすいが，最近は食物アレルギーで小麦粉

写真6-18　共同製作（4～5歳児）

写真6-17　折り紙製作（3歳児）

写真6-19　食品製作（4～5歳児）

Ⅵ 保育教材の作成

を触るだけでも発疹が出る子どももいるため、取り入れられるかどうかは担任に聞いておくことが必要である。

また、配慮の必要な活動は、父の日、母の日にちなんだ製作である。単身家庭の子どもへの配慮が必要である。しかし、育ててくれる人への感謝の気持ちを伝えることは大切であるため、両親の日、家族の日とし、父・母に限定されるプレゼント製作は避けるようにしていることが多い。実習園の考え方を聞いておくとよい。

写真 6 – 20　サーキットあそび

造形あそびの他にも運動あそび（写真 6 – 20）や音楽あそびがある。技能の習得が必要なあそびにおいては、保育者の援助は、子ども同士が主体的に遊んでいる中から環境を整え援助するだけではなく、運動遊具や楽器などの使い方等、安全に活動できるようにルールなどを指導する必要がある。写真 6 – 20 は、跳び箱、鉄棒、はしご、巧技台、平行棒、マット、ボール、縄跳び等の運動遊具をいろいろな形に組み合わせてのサーキットあそびである。マットや鉄棒は、年齢により下記のような目標を参考にするとよい。

（3歳児クラス）平行棒や跳び箱を低くする等、簡単な組み合わせのサーキットにし、待つ位置には、円を描いておくようにする
　　　　　　　　鉄棒・・・ぶらさがり　　マット・・・芋虫ごろごろ
（4歳児クラス）鉄棒・・・前回り　　　　マット・・・止まって前転
（5歳児クラス）鉄棒・・・逆上がり　　　マット・・・走ってきて前転

次に、音楽活動の一部を紹介する。音楽活動には"歌う""演奏する""聴く""表現する"等の活動があるが、ここでは子どもが歌うことについてふれてみる。子どもに与える歌についての配慮することは、次のことが挙げられる。

・子どもの音域に合っているか
・伴奏するテンポやリズムは、子どもが歌詞をはっきり歌えるようになっ

145

ているか
- 季節の歌は季節を感じる導入をしたり，歌詞のもつ意味やイメージを伝えたりしているか

とくに，伴奏については，弾き手の独奏会ではなく，子どもの歌が引き立つような伴奏をすることが必要なため，前奏から歌い出しに入りやすい弾き方，テンポやリズムの安定，間奏やくり返し等に気をつけなければならない。

子どもの音域は，ラの音を基準に3歳児まではラから下の音（ソ・ファ・ミ・レ・ド），3歳児以上から上の音（シ・ド）と発達するといわれている。実際にS保育園の4歳・5歳児に音域調べをしたところ，個人差はあったものの同じような結果となっている。

これらのことを理解した上で選曲し，伴奏の楽譜を選ぶことが望ましい。ピアノが苦手なために子どもの音域に合わない楽譜は選ばないようにしたいものである。また，実習園が使用してる楽譜を使うことは，前奏や間奏，伴奏のパターンが子どもに馴染んでいて，よく歌えることにつながるので，園の楽譜を見せてもらうのが良いであろう。ピアノや鍵盤が苦手な場合は，ギターなど他に自分ができる楽器を使うのもよい。ただし，園の方針もあるので，事前に確認しておくとよい。

子どもたちに初めて歌を指導する場合，歌詞の内容を話したり，ペープサートなどを使って，歌詞の内容を理解できるようにする。歌って聞かせる，小節を区切ってくり返し歌ってみる等が必要である。

リズムあそびは大きく分けると，楽器を使ったあそびと身体表現とに分けることができる。楽器の種類や正しい持ち方，きれいな音色など事前に楽器に触れておこう。また，合奏では，様々な楽器を一度に鳴らすので，バランスを考えて楽器の数を揃えることが大切である。

身体表現では，動物や機械などの模倣，音楽に合わせてスキップ，歩く，ケンケン等の運動をするため，伴奏は正確なリズムで演奏するのが大切である。また，「なべなべそこぬけ」や「あぶくたった」，「あくしゅでこんにちは」等は，歌詞に合わせ，歌いながら行ったりする。

Ⅵ　保育教材の作成

　また，ピアノが苦手であるが表現あそびをしなければならない等，ピアノを弾くことが必要となった場合，たくさんの曲を練習しなくても一つのメロディーを使い，伴奏を変化させるだけで，多様なパターンができるので，3つの和音（3コード）とその使い方を覚えておくのも参考になる。

　子どもたちは毎日いろいろな経験をし，その経験を自分の引き出しにためていくので，保育者は，子どもにたくさんの感動体験を提供でき，共感できるよう感性を磨いておくことが重要である。実習生であっても子どもに接することは，子どもたちの育つ過程に何らかの影響を与えているのである。そのことを心にとめて，話しかける，話を聞く（聴く），保育をすることが大切である。実習生の一挙一動を子どもたちは，観察し，模倣し，何かを学んでいく。これまでの経験や感性を生かし，様々な方向から物事を見つめ，アイデアを膨らませ，子どもたちの豊かな感動体験となるよう使用する材料選びをすることが大切である。材料は，例えば，プリンカップやペットボトル，お菓子の箱など，身近なところに存在している。それに気づき，何かをイメージできることや折り紙などの教材を使い，どれだけのあそびをイメージできるかを意識し訓練しておくとよい。それが，子どもとともにあそびを楽しみながら，子どもに感動体験を提供し，子どもからも何かを学ぶことができるのである。自分自身が楽しみながら感性豊かに自分を高めることができることを願い，新聞紙あそび（写真6－21，資料6－1）と絵本（資料6－2）の例を挙げておく。

　この新聞紙あそびは，新聞を縦に長くつなげ，のれんのように吊るしておき，子どもたちが引っ張ったりちぎったり，のれんをくぐって遊んでいる様子である。次々に引っ張ってちぎった新聞紙が部屋中に広がると，その上に寝転んだり集めてボー

写真6－21　新聞紙あそび

147

ルに見立てて，上に投げたりする。その後は，ビニール袋（大，小，傘入れの長細いもの）に新聞紙を入れる。大きなビニール袋は，例えばアンパンマンや動物などの顔を描いておき，新聞紙を集めて入れて，最後はアンパンマンや動物になる。小さなビニール袋は，個々に新聞を入れ，口を結び，紐をつけて引っ張って遊ぶ。また，カバのような大きな口の動物を段ボール箱の側面につけておき，「カバさんに，ごはんをあげよう」と新聞紙を餌に見立てて，口の向こうの箱に新聞紙が入るようにする。部屋中にちりばめられた新聞紙は，次のあそびへ発展するとともに片づけられ，お片づけと言わなくても自然に片づけられるのである。

　新聞紙あそびは，この他に，同じ幅にした新聞紙をロールペーパーの芯に巻き付けて，吊るして引っ張って遊んだり，ティッシュの空き箱に入れて引っ張って遊んだりすることもできる。

Ⅵ　保育教材の作成

資料6－1　指導案1

1歳児クラス　　7月30日（水）　天気　晴れ 男12名　　女12名　　計24名　　担任4名　　障がい児0名		
ねらい	・保育者や友だちといっしょに手あそびや体操を喜んでする。	
	・新聞のれんをくぐったり，引っ張る，ちぎる，丸める等の手の動きを十分にしながら遊ぶ。	
時間	環境構成	子どもの活動	配慮・留意点

時間	環境構成	子どもの活動	配慮・留意点
10:15	・トイレから近い場所に子どもを集める。 ・体操の曲をかける準備をする。 ・体操の曲をかける。 ・補助の保育者が手あそびや絵本の読み聞かせをしている間に，新聞のれんの準備を行う。	○手あそびをする。 ・保育者の前に集まる。 ○体操をする。 ・保育者の動きを見て模倣しようとする。	・排泄が終わった子どもから，保育者のところに集まるように，手あそびをする。 ・子どもが動きやすいように保育者が広がって，子どもの名前を呼んで，スムーズに広がることができるようにする。 ・子どもが体操に興味をもてるように，子どもの動きに合わせて，場所を移動したり，体操の曲の動きを声に出したり，大きな動きをして見せるようにする。
10:30	・手あそびや絵本，ペープサートなどの準備をしておく。 ・保育室のコーナーに子どもを集める。 ・子どもたちが手あそびや絵本を見ている間に，新聞のれんを○本○cm間隔で部屋に吊るす。	○手あそびをする。 ○絵本を見る。 ・「○○○○○○」	・子どもが座る場所，子ども同士の間隔など，手あそびをしたり絵本が見やすい位置かどうかを確認してから始める。 ・次の準備がスムーズにできるように，声や音，動作などに変化などをつけ，手あそびや絵本に集中できるようにする。
10:50		○新聞のれんを触って遊ぶ。 ・のれんの間をくぐったり，下から向こう側をのぞいたりする。 ・保育者を見つけ，「いないいないばあ」をする。 ・のれんを引っ張る。 ・のれんを引っ張ってちぎる。 ・ちぎった紙を握ったり振ったりする。 ・ちぎった紙を上に投げてパラパラと落とす。 ・ちぎった紙を丸める。	・新聞のれんをくぐったり，下から向こう側をのぞいたりできるようにし，保育者が楽しそうにして見せる。 ・のれんをさわったり，引っ張ったり，いないいないばぁをしたり，ちぎったり等，子どもの動きを模倣し，あそびを楽しむことができるようにする。 ・ちぎった新聞紙を踏んで転倒しないように注意して見る。 ・ちぎれた新聞紙を丸めてボールにしたり，たくさん集めて上に投げて落ちてくるのを楽しんだり，集めた上に寝転ぶ等，子どもの活動が発展するような動きをする。
11:15	・片づけ用に，大きなビニール袋にアンパンマンの絵を描いておく。 ・動物を箱で作り，口を大きく開けておく。	○片づけをする。 ・新聞紙をビニール袋に集める。 ・動物の食べ物に見立てて口に入れる。	・片づけも楽しんでできるように，アンパンマンの絵を描いたビニールを用意したり，箱にかかれた動物にも食べ物をあげるようにして，新聞を片づけるようにする。

その他の配慮事項
・子どもが座る位置は，採光を考える。
・子ども同士で場所のとりあいにならないように，机や椅子を部屋から出して広さを確保しておく。
・手あそびは絵本や次の設定の導入となるようなものを選ぶ。
　または，生活習慣やその月，日のねらいとなるようなものを選ぶ等，目的をもって選ぶようにする。
・手あそびはくり返しで徐々に早くしたり，声を大小変化をつけるなど，興味が持続するようにする。
・絵本の読み聞かせ時は，採光，絵本の高さ・角度，子どもとの距離，絵本が見える幅（子どもの座る位置）などを考えるとともに，次の活動にすぐに移ることができるような場所を考える。
　また，友だちの間に割り込んだり保育者に近づきすぎている子どもには声をかけたり，保育者が手伝って座る位置を確保するようにしていく。
・くり返しを好む年齢を考慮して，あそびを選ぶ。

149

資料6-2　指導案2

2歳児クラス　25名（男12名　女13名）　　保育教諭および保育士4名				
指導内容	絵本「おおきなかぶ」を見る。			
ねらい	くり返しや掛け合いのある場面のやりとりを楽しむ。			
時間	環境構成	子どもの姿		保育教諭および保育士の配慮・援助
9：40	・カセット ・カセットデッキ	○体操をする。 　・「かぶのたね」		・体操することを子どもたちに呼びかけるとともに，手が当たらないように，十分広がるように言葉をかける。 ・危険がないように見守りながら，保育者もいっしょに体操することを楽しむようにする。 ・一つひとつの動きを子どもたちが真似しやすいように大きくする。
9：50		○手あそびをする。 　・保育者の前に集まる。		・子どもが集中しやすく，絵本が見やすい場所（逆光・静かな場所・絵本以外が視界に入りにくい場所）に子どもを集める。 ・集中力の短い子は，補助につく保育者の近くで見るようにする。
		・手あそび「小さな畑」の「花」を「かぶ」に変えて歌う。		・かぶの体操から繋げて，かぶに興味がもてるような手あそびをする。 ・楽しんで手あそびができるように，ふりを大きくして盛り上げていく。
		・手あそび「おはなし」をする。		・手あそびの最後には，静かに話が聞ける姿勢になるよう，小さな声で終わる。
10：00		○絵本「おおきなかぶ」を見る。 　・くり返しの言葉をいっしょに言う。		・子どもたちに見やすいように，本の高さや角度に気をつける。 ・体操の中でも出てきた，「うんとこしょ どっこいしょ」のくり返しの言葉を子どもたちもいっしょに言えるように，ゆっくりとした口調で伝える。 ・いっしょに言おうとする気持ちを受け止め，話が盛り上がるように進めていく。
		・次に出てくる動物を言う。		・くり返しのおもしろさが伝わるように，次に出てくる動物に興味がもてるよう，子どもたちに語りかけていく。
10：15				・絵本の世界にゆったりと浸れるよう，話が終わった後のページ，裏表紙も，ゆっくり見られるようにめくっていく。

# 4 保育現場における手づくり楽器の活用

ここでは楽器に焦点を当てて述べていくこととする。

1) 手づくり楽器の背景

　バイオリンやリコーダーは，工房で楽器職人が手づくりするが，それぞれの国に古来伝わる，自然の素材を利用した民族楽器などは，そもそも手づくりである。最近では，タンバリンやウクレレ等の手づくりキットが販売されている。自分で作ったものから音が出る楽しさは格別である。

　世界のどの文明にも音楽があり，楽器の起こりは，手拍子や身体を叩いたり地面を踏んだりしてリズム音を鳴らしたことから始まったとされている。いわゆる「ボディーパーカッション」である。そのようなことから，楽器としてまず形作られ始めたのはもちろん打楽器である。太鼓の初めは，木をくりぬいたものや壺を叩くことから始まった。管楽器は，植物の茎をリードのように唇で震わせるものから，木や動物の骨を削って作った笛へと進化していく。音楽の用途として，最初は伝達手段に始まったとされ，やがて宗教行事で奏でられるようになる。西洋では，宗教音楽から王侯貴族が純粋に娯楽のひとつとして楽しむためのものへと分化し，やがて市民階級にも広まった。そして音楽様式の移り変わりの中で楽器も進化していった。教育における音楽の必要性はそのような流れの中で生まれたものである。

　洋の東西を問わず，世界のそれぞれの地域で，古典的な儀式や行事で使用されたり，娯楽としての音楽で用いられたり等，進化をあまり遂げないままの原始的な楽器もある。その中でも手づくり楽器の発想につながるユニークな例として，インドのジャルタラングや，イギリスのグラスハープがある[1]。ジャルタラングは，様々なサイズの食器に水を入れ，インド音楽の音階になるようにたくさん並べて，棒で叩いて演奏するものである。グラスハープは

151

ワイングラスなど足付きのグラスに水を入れたものを音程別にたくさん並べて，水で濡らした指先でグラスの縁をこするものである。両方とも器に入れた水の量で音程を調節するのだが，食器という生活の道具を楽器に見立てたものだ。子どもの頃，食卓でお茶碗を箸で叩いておもしろがり，親にたしなめられたことが誰でもあるだろう。かたやそれが，立派な民族楽器として存在する。楽器とは人間の普遍的な音の道具なのだ。

　以上のように，音楽の用途や役割，楽器の始まり，生活の道具を使用した楽器の例をふり返ると，まさに音楽とは生活から生まれた概念で，楽器は生活から生み出された道具である。おもちゃの楽器を使うことよりも，既成楽器により近い素材を使って似た音を再現したり，何かを叩いたり，自然のものに手を加えること等の方が，人が本質的にもつ音の感性を，呼び覚ますことができるのではないだろうか。

2）手づくり楽器の素材

　そのような考え方に基づき廃材などを利用して作るのが，教育・保育現場でいう「手づくり楽器」である。素材は自然のものを拾ってきて使うこともある。教育・保育現場では，保育者が作って子どもに与えることが多いが，年齢によっては子どもが作ることができるものもある。可能であれば自分で作る経験をもたせたいものである。

　手づくり楽器製作の一番の醍醐味は，廃材から出る音の意外性である。既成楽器の構造にみる精密さや，芸術音楽を奏でる道具としての高尚さ，素材の質における商業的価値などを見聞きしてきた大人でさえ，時に手づくり楽器から出る音の確かさには驚かされることも少なくない。素材の代表的なものとしては，廃材では牛乳パック，ペットボトル，アルミまたはスチール缶など食品の空き容器，食品では米や豆などの乾物，自然のものではどんぐり（必ず煮沸処理をすること）や小石・砂などである。また，家庭内にある不用品も材料の一種である。それぞれの用途以外の斬新な使い方で楽器を作る

ことができる。

　廃材と不用品以外の材料は購入することになる。100円ショップやホームセンターは，単に手づくり楽器の材料というだけでなく，「これをあんなふうに使うと良いかもしれない」という気づきを得られる，製作のヒントの宝庫である。たとえば水道の塩ビパイプやビニールホースで管楽器を作ることもできる。アルミ・ステンレス等の釘や，木材やアクリルの端材，文房具，金属製のカトラリー等，それぞれの素材を生かして，本来の用途以外の使い方をすることで，楽器づくりの素材となる。ただ叩くだけ[2]，こするだけというのも，本当にほしいイメージの音を求めた結果がそうであれば，それは楽器である。次項で，手づくり楽器の一例を述べる。

3）手づくり楽器の作り方

(1)　シェーカー[3]（写真6－22，写真6－23）
　①容器の素材
　　ペットボトル（小さめ），フタつきのアルミ缶（100ml位が子どもの手の大きさにちょうど良い），乳酸菌飲料の小瓶，カプセルトイ（通称ガチャガチャ）の容器，洗濯洗剤のスプーン等。
　②中に入れる素材
　　米，ゴマ，パン粉，ざらめ等，粒状の食品で，中からこぼれて，うっかり口にしても問題のない食品。ただし，アレルギーに注意する必要がある。
　　口に物を入れる心配がない場合は，おもちゃのBB弾や小さなビーズ等，小さな粒状で硬いもの。
　③避けたい素材
　　容器の素材：サラダカップの空き容器（ペット樹脂と呼ばれる，透明の薄い素材）や発泡スチロール製のカップ麺の空き容器（密度がないため鳴りにくい）。中に入れる素材：ストローを1センチ弱に切ったものを入れているのを見かけるが，音は鳴りにくい。鳴りやすくするためには，アル

153

ミ缶など金属系の容器に大量に入れる必要がある。
④製作のポイント

　パン粉のように体積の割に軽いものは，紙コップの方が，音が良く響く。アルミなど硬い素材には体積の割に重いものが良い音がする。小さなフタつきアルミ缶や極小のペットボトルが，重さも音も握りやすさもベストであるが，手に入らない場合は，できるだけ硬い素材が良い。大きめの平らな箱に入れると，オーシャンドラムの代わりになる。ずっしりとした音にしたい場合は，中に入れる素材の量を多くすると良い。5，6歳児には様々な素材を用意して，子どもたちといっしょに作り，素材の組み合わせでそれぞれ違う音が出ることを，子どもたちが発見する機会を作りたい。

（左）写真6-22　アルミ缶のシェーカーと中のビーズ
（中）写真6-23　洗剤スプーンのマラカス
（右）写真6-24　布ガムテープとゴミ箱の太鼓

Ⅵ　保育教材の作成

(2) 太鼓（写真6-24）
　①胴体の素材
　　プラスチックまたはスチール製のゴミ箱（ふちが外側に折り加工されていないもの）。
　②膜（太鼓の皮）の素材
　　布ガムテープを胴体の端から端へ放射状の方向に貼りつける。クリアファイルを丸く切り抜き，膜に見立てることもできるが，端の処理の面で安全度が低い。
　③避けたい素材
　　発泡スチロールや紙製の容器（音が響かない，頑丈に作れない），小さな容器。
　④製作のポイント
　　ピンと張った膜の方が良い音が出るので，ガムテープを少し引っ張りながら張る。使用しているうちに緩んでくるので，たまに張り替える必要がある。

(3) マレット（写真6-25，6-26，6-27）
　　マレットとは，先に丸い球の付いた，いわゆる「木琴（または鉄琴）のバチ」のことである。球の部分は木製やゴム製，ゴム製に毛糸を巻きつけたもの等があり，選び方で音に変化が出るものである。長さもいくつか種類があるが，子どもには長すぎるものが多い。マレットがない場合，鉛筆のように細長いもので叩くことが多いが，良い音を目指して，以下のような材料で作ることができる。木琴よりも，太鼓に向いている。

写真6-25　マレット　上から，輪ゴム8本巻き付け・プラスチック粘土・既製品

155

写真6−26　2本交互に束ねたマレット

写真6−27　極太ストローといっしょに束ねたマレット

写真6−28　腕輪と指輪の鈴

①スティックの素材

　割り箸。普通の割り箸でよいが，最近は1本ずつ表面を丸く削った竹製のものが市販されたり，食料品店で配布されたりしており，見栄えは良い。

②球の素材

　プラスチック粘土。100円ショップで「おゆまる」「おゆプラ」等の名称で販売されている。お湯に浸せば何度でも再形成が可能である。お湯で温めた粘土を手で丸め，スティックを差し込む。また，輪ゴム8本ぐらいを束にして巻きつけるだけでも，良い音が出る。

③避けたい素材

　紙粘土：なめると溶けるので不向き。

④製作のポイント

　でき上がったものは，スティック部分に危険性があるので，2本を上下交互に重ねて輪ゴムで束ねるとよい（写真6−26）。また，持ち手部分に何カ所か輪ゴムを巻きつけると，滑り落ちにくい。細長いものを握りにくい場合，タピオカストロー等の太いストローとともに，ゴムで数カ所束ねると滑りにくい（写真6−27）。手で握る箇所にプラスチック粘土を貼りつけると，さらに握りやすくなる。

(3) 鈴（写真6－28）

　市販の鈴（ハンドベル）より軽いものや，身体表現をしながらでも使用しやすいものが製作可能。マジックテープで手に巻きつけられるベルが市販されているが，子どもでは一人で装着しにくい。ゴム紐で手首に固定すると，放り投げて別の子どもに当たったりせず，また鈴の数や大きさを加減できるため，作ることも選択肢に入れたい。わずかに指を動かせるだけの障がい児の場合，大きな音は出せないが，自分で鈴の音を鳴らせる喜びがある。全く動かせない場合は，保育者がいっしょに握って音を鳴らす等の配慮をするが，それによって身体の他の部分に悪影響が出る場合があるので注意が必要である。

①使用素材

　教育楽器の壊れた鈴があれば，鈴だけ取り外して使用するほか，100円ショップ等にある手芸用の大きめの鈴，ゴム紐。鈴にゴム紐を通して鈴1個ごとに1重結びにして腕輪にする。

　鈴1つか2つを，そのままゴム紐に通して，指輪にする。

②製作のポイント

　手芸用の鈴は，既成楽器に使用されている鈴よりも音は響きにくいので，小さいものは鳴りにくい。できるだけ大きめの鈴をたくさん使うと良い。

4) 活動への取り入れ方・遊び方の例

　年齢によってできることとできないことがある。(1)～(4)は段階を踏んでいるので，子どもたちの実情に合わせ，適宜工夫して取り入れるとよい。

(1) 音源に合わせる（保育者のピアノやCD）

　できればピアノでリズム曲演奏を担当する保育者と，いっしょに楽器を鳴らす保育者の2名がいるとよい。CDでは1曲ずつ準備しないといけないが，保育者がピアノを弾く場合は，瞬時に違うリズムの曲に移行できるため，子

どもたちが違う動きに変わる反応の移り変わりを確認できる。
　①ゆったりした曲
　　　長い拍に合わせるときは，粒の小さいものを入れたシェーカーをゆっくり傾けたり，鈴を鳴らしたりする。
　②リズミカルな曲
　　　細かい拍で鳴らすほか，拍子通りに鳴らす。
　③動物や乗り物などを表現した曲
　　　イメージやフレーズに合う楽器を決め，鳴らし方やリズムを決めて，一度に鳴らしたり，楽器ごとに順番に鳴らしたりすると面白い。

(2)　歌いながら合わせる
　歌いながらはもちろん，曲によっては休符のところで楽器を鳴らすのも良い。

(3)　物語の効果音として使う
　保育者の読み聞かせの中で，効果音として使う（足音，波の音，おひさまキラキラ…etc.）。劇あそびの際は，効果音はもちろん，腕輪の鈴は登場人物の衣装（小道具）としても使える。

(4)　合奏する
　既成楽器に加えて音色に幅をもたせる。
　メロディーに合わせる打楽器を，すべて手づくり楽器で演奏する。

(5)　楽器で会話をする（年長児向け）
　小学校低学年の音楽科の授業では，よく実施する方法である。全員が楽器を持ち，保育者の打つリズムの真似や，違うリズムで返答するように鳴らす。慣れれば保育者の役目を子どもが行ったり，全員で輪になって一人ひとりが順番にリズムリレーをしたりする。

Ⅵ　保育教材の作成

　以上，幾通りかの使い方を述べてきたが，健常児だけでなく障がい児も，既成楽器が使えない場合に，自ら音を出すことの喜びを感じることのできるものが，手づくり楽器の良さと楽しさである。子どもによっては，自宅で保護者といっしょに作る楽しさを味わうきっかけにもなる。手づくり楽器でよく見かける残念なことは，適当で安易な組み合わせのために，楽器としての質が低いことだ。間に合わせではなく，出る音，出したい音，個々の子どもによって，鳴らしやすく楽しい音を考えて素材を選ぶことが大事だ。作ることが苦手な保育者もいると思うが，作ることが好きな保育者との役割分担の上で安全に気をつけ，手づくりした楽器を使う楽しさと喜びを，子どもたちに伝えたいものである。

注
1．YouTubeなど，インターネットで検索すると見事な演奏の動画を観ることができる。自分がもっていた楽器の概念が覆されるかもしれない。何をもって楽器ととらえるか，音楽の自由な表現というものを見直す良い機会である。
2．先述のジャルタラングのように食器だけでなく，例えば，スチール缶はアルミ缶と違って，叩くとよく響く。75リットル以上のプラスチックのゴミバケツは，逆さに置いてバスドラム用のバチで叩けば，バスドラムに近い重たい響きの音が出る。その他，机をバチで叩くだけでもリズミカルな演奏ができる。
3．シェーカーの定義は，「空洞の密封容器に細かい粒状のものを入れた」楽器で，シェーカーの種類の一つとしてマラカスがある。

［文献］
・保育総合研究会編，飯田　猛：０歳から就学までの保育と教育を考える保育所の教育プログラム，世界文化社，2007.
・辻井　正・島田教明：おもちゃの宅急便，オランダ国立教育評価機構ピラミッド教育方研究所JAPANセンター発行，2003.
・川原佐公・古橋紗人子編著，今井和子・岡　孝江・荻田純久・尾崎壽子・越智純子・坂本容子・初塚眞喜子・早川滋人・林　陽子・原　直美・藤本員子・森宇多子・八木義雄著：乳児保育，建帛社，2006.
・民秋　言：幼稚園教育要領・保育所保育指針の成立と変遷，萌文書林，2008.
・前橋　明編著，小山祥子・渋谷由美子・栗原直子・石井浩子・山森　泉・有木信子・

159

桐山千世子・藤田洋子：健康福祉シリーズ1　保育・教育・施設実習，ふくろう出版，2004．
- 前橋　明編著，本保恭子ほか：幼児体育−理論と実践−日本幼児体育学会認定幼児体育指導員養成テキスト（初級），大学教育出版，2007．
- 網代啓介，岡田知之：新版　打楽器事典，音楽之友社，1994．
- クルト・ザックス，柿木吾郎訳：楽器の歴史 上・下，全音楽譜出版社，1965．
- 繁下和雄：音と楽器をつくる，大月書店，1984．

［写真提供］
- 社会福祉法人　心育会（旧さつき保育園）
- 幼保連携型認定こども園さつきこども園

VII

実習文書

実習は，外部の施設に実習を依頼することから始まる。そして，実習が終了するまでに，養成校と実習施設の間で様々な文書のやりとりがなされる。
　実習前と実習中，実習後に必要な文書の紹介と文例を示す。

1）伺い文書

　実習に当たっては，まず実習先を確保しなければならない。実習の概要や時期を計画したら，受け入れが可能かどうかを文書で問い合わせる。実習を例年引き受けてもらう施設・園では恒例となっていることであっても，新規に依頼する実習先では，まず，実習が可能かどうかの打診をする文書の前に，電話で問い合わせておく必要がある。

　時期的には，次年度の予定が組まれる2月頃（から3月）が望ましい。ただし，年度末は担当者が変わることがあり，事務的な処理で多忙な時期なので，文書の発信・返信に関しては，3月下旬～4月初旬は避けた方がよい。また，回答までには2～3週間程度の期間をみておくとよい。

　問い合わせる事項は，
① 実習日程（引き受け可能な期間）
② 実習可能人数
③ 実習担当クラス（年齢ごとに何人の実習が可能か）
④ 実習担当指導者（今後，連絡を取る際の実務担当者）
⑤ 宿泊型の施設実習に際しては，かかる費用の学生実費負担額と支払い方法も聞いておく（文例1・2）。

Ⅶ　実習文書

文例：1　伺い文書

○年○月○日

保育所名　　○○保育園
　園長　　　○○　○○　　様

　　　　　　　　　　　　　　　○　○　○　○大学
　　　　　　　　　　　　　　　　○　○　○　○学部
　　　　　　　　　　　　　　　　　学部長　○　○　○　○

保育実習Ⅰ（保育所実習）の受け入れについて（お伺い）

　時下ますますご清祥のこととお慶び申し上げます。
　平素より、本学の教育に格別のご理解とご協力を賜り、厚く御礼申し上げます。
　さて、下記の内容に基づき、貴園での保育実習を希望する学生の受け入れをお願い申し上げます。
　なお、今回の保育実習の科目名は保育実習Ⅰであり、「見学・観察実習を主とした実習」になります。また、学生にとっては、初めての保育所実習となります。
　実習を受け入れていただけるとのことでしたら、別添の「保育実習Ⅰ（保育所実習）の受け入れについて」に必要事項をご記入の上、学生にお渡しいただくか、同封の返信用封筒にて、○月○日（○）までにご返送くださいますよう、お願い申し上げます。
　ご内諾をいただけるとのことでしたら、○年○月頃に本学から実習依頼状と承諾書を改めてお送りいたしますので、よろしくお願い申し上げます。

記

1．実　習　期　間：　○年○月○日(○)〜○月○日(○)の間のおおむね10日間
　　　　　　　　　　＊上記期間内で、実実習時間合計が○○時間以上(休憩時間を除く)
　　　　　　　　　　　を確保できるように、実習期間を別添の回答書でご回答ください。

2．実 実 習 時 間：　○○時間以上(休憩時間を除く)

3．実習希望学生：　本学○○○○学部○○○○学科
　　　　　　　　　　○年次生（実習時）

4．実習人数および氏名：　○名　　○○ ○○, ○○ ○○

以上

　　　　　　　　（問い合わせ先）
　　　　　　　　〒△△△－△△△△　　○○市○○区○○町○番地
　　　　　　　　　　　　　　　　　　　○○○○大学　実習指導室
　　　　　　　　　　　　　　　　　　　電話番号(○○○)○○○○局○○○○番

文例：2　伺い文書（施設）

○年○月○日

社会福祉法人
　児童養護施設　　○○園
　　　園長　○○　○○　様

　　　　　　　　　　　　　　　　　　　○　○　○　○大学
　　　　　　　　　　　　　　　　　　　○　○　○　○学部
　　　　　　　　　　　　　　　　　　学部長　○　○　○　○

　　　　　　保育実習Ⅰ（施設実習）の受け入れについて（お伺い）

　平素より、本学の教育に格別のご理解とご協力を賜り、厚く御礼申し上げます。
　さて、下記の内容に基づき、貴施設での施設実習の依頼を申し上げたく存じますので、
何卒よろしくお願いいたします。
　つきましては、別添の回答書に必要事項をご記入の上、○年○月○日（○）までに
ご返送いただきますようお願いいたします。
　なお、○月頃に実習生決定のご連絡を兼ねて、実習依頼状と承諾書を改めてお送りする
予定としておりますので、よろしくお願い申し上げます。

　　　　　　　　　　　　　　　　記

１．実習施設　　　　社会福祉法人　児童養護施設　○○園

２．実習期間　　　　○年○月○日（○）　～　○月○日（○）
　　　　　　　　　　※上記の期間内の内、実実習時間が○○時間以上になりますよう、
　　　　　　　　　　　実習期間を回答書にてご指示ください。

３．実実習時間　　　○○時間以上

４．実習希望学生　　本学○○○○学部○○○○学科
　　　　　　　　　　○年次生（実習時）

５．実習人数　　　　○名

　　　　　　　　　　　　　　　　　　　　　　　　　　　　　　　　　　　以上

　　　　　　（問い合わせ先）
　　　　　　　〒△△△△－△△△△　○○市○○区○○町○番地
　　　　　　　　　　　　　　　　　　○○○○大学　実習指導室
　　　　　　　　　　　　　　　　　　電話番号(○○○)○○○局○○○○番

2) 受け入れ回答

　伺い文書（依頼文）だけでなく，回答書にも回答期日を記しておくと親切である。住所を記した返信用封筒（切手貼付）を同封することを忘れてはならない（文例3・4）。

3) 実習依頼

　実習が承諾されて，実際に学生を依頼する文書である（文例5・6）。

4) 承諾書

　実習施設から返送されてくる，実習依頼に対する承諾書を文例7で示す。

5) 連絡事項

　実習に際しての大学・養成校としての指導や，実習先に知っておいてほしい事柄があれば文書でお願いする。

　　○月○日（○）より，本学科△年生の□□実習を開始いたします。お忙しい折，恐縮ですが，よろしくご指導くださいますよう，お願い申し上げます。

　　つきましては，本学科の担当教員が，実習期間中に下記の要領で訪問（巡回）指導をさせていただく予定です。
　① 担当教員は，期間中○回ほどの割合で訪問いたします。
　② 保育時間内に訪問し，実習生の様子を見せていただきます。
　③ 実習生に問題があり，実習生または貴園との話し合いが必要な場合は，改めて時間を設けたいと思います。
　以上，ご理解のうえ，よろしくお願い申し上げます。

文例：3　回答書

　　　　　　　　　　　　　　　　　　　　　　　　　　○年　○月　○日
　○　○　○　○大学
　　○　○　○　○学部
　　　学部長　○　○　○　○　殿
　　　　　　　　　　　　　　　施　設　名
　　　　　　　　　　　　　　　代表者名　　　　　　　　　　　　印

　　　　　　保育実習Ⅰ（保育所実習）の受け入れについて（回答）

　　○年度間○○○○大学○○○○学部○○○○学科○年次生の保育実習に関する
　依頼について、下記のとおり回答します。

　　　　　　　　　　　　　　　　記

　1．実習受け入れ日程について
　　　　次の日程のうち、□にレを付した日程とします。

　　　　□　○年　○月○日（月）　～　○月○日（木）＊土曜日を含む10日間
　　　　□　○年　○月○日（月）　～　○月○日（金）
　　　　□　○年　○月○日（月）　～　○月○日（木）＊土曜日を含む10日間
　　　　□　○年　○月○日（月）　～　○月○日（金）
　　　　□　○年　○月○日（月）　～　○月○日（木）＊土曜日を含む10日間
　　　　□　○年　○月○日（月）　～　○月○日（金）
　　　　□　その他の日程
　　　　　　　　○年　　月　　日（　）　～　　月　　日（　）
　　　　　　　　　　＊土曜日の　有・無　の（　　）日間
　　　　　　　　　　　　　（○をしてください）

　2．実実習時間：　○○時間以上(休憩時間を除く)

　3．実習希望学生：　本学○○○○学部○○○○学科　○年次生（実習時）

　4．実習人数および氏名：　2名　　○○ ○○，○○ ○○

　5．実習中の諸経費について
　　　　　　食費（1日あたり）　　　　　　　円
　　　　　　その他の経費　　　　　　　　　　円内訳　　　　　　　　　　）

　6．その他、実習指導や実習生に対してのご要望や提出書類(健康診断書等)がございま
　　　したら、ご記入ください。
　　　………………………………………………………………………………………………
　　　………………………………………………………………………………………………
　　　………………………………………………………………………………………………
　　　………………………………………………………………………………………………

Ⅶ 実習文書

文例：4 　回答書（施設）

○年 ○月 ○日

　○○○○大学
　　○○○○学部
　　　学部長 ○○○○ 様

施 設 名
代表者名　　　　　　　　　　　印

保育実習Ⅰ(施設実習)の受入れについて（回答）

　○年度○○○○大学○○○○学部○○○○学科○年次生の施設実習に関する依頼について、下記のとおり回答します。

記

1. 実 習 期 間　　①○年○月○日(○) 〜 ○月○日(○) ： ○名
　　人　　数　　　②○年○月○日(○) 〜 ○月○日(○) ： ○名
　　　　　　　※実実習時間が、○時間以上になりますようお願いいたします。

2. 実実習時間　　○○時間以上

3. 実習希望学生　本学○○○○学部○○○○学科
　　　　　　　　○年次生（実習時）

4. 実 習 人 数　　○名

5. 実習中の諸経費について
　　　　　　食費（1日あたり）　　　　　　円
　　　　　　その他の経費　　　　　　　　　円
　　　　　　　（内訳　　　　　　　　　　　　　　　　　　）

6. その他、実習指導や実習生に対してのご要望等ございましたら、ご記入ください。
　　..
　　..
　　..
　　..

文例：5　実習依頼

〇年〇月〇日

保育所名　　〇〇保育園
　園長　　　〇〇　〇〇　　　　様

　　　　　　　　　　　　　　　〇〇〇〇大学
　　　　　　　　　　　　　　　〇〇〇〇学部
　　　　　　　　　　　　　　学部長　〇〇〇〇

　　　　　　　保育実習Ⅰ（保育所実習）の受け入れについて（お伺い）

　時下ますますご清祥のこととお慶び申し上げます。
　平素より本学の教育に格別のご理解とご協力を賜り、厚く御礼申し上げます。
　さて、下記の内容に基づき、貴園での保育実習を希望する学生の受け入れをお願い申し上げます。
　なお、別添の承諾書に必要事項をご記入の上、〇月〇日（〇）までに同封の返信用封筒にてご返送くださいますよう、お願い申上げます。

　　　　　　　　　　　　　　　　　記

1．実　習　期　間：　〇年〇月〇日(〇)～〇月〇日(〇)の間のおおむね10日間
　　　　　　　　　　　＊ご回答くださいました上記実習期間内で、実実習時間合計が〇時間以上
　　　　　　　　　　　　（休憩時間を除く）を確保できない場合には、実習時間・日数の調整をお願
　　　　　　　　　　　　いいたします。

2．実 実 習 時 間：　〇時間以上(休憩時間を除く)

3．実習希望学生：　本学〇〇〇〇学部〇〇〇〇学科　〇年次生（実習時）

4．実習人数および氏名：　2名　　〇〇　〇〇, 〇〇　〇〇

5．同　封　書　類：　承諾書, 返信用封筒

　＊　学生がやむを得ず欠席した場合は、不足日・時間分の実習の延長をお願いいたします。
　＊　実習園へのお願いや実習生個人票、個人情報保護に関する誓約書、出席票および成績票一式、
　　　実習記録様式などにつきましては、〇月頃にお送りいたします。

　　　　　　　　　　　　　　　　　　　　　　　　　　　　　　　　　　　　　　以上

　　　　　　　　　　　　　　（問い合わせ先）
　　　　　　　　　　　　　　〒△△△－△△△△　〇〇市〇〇区〇〇町〇番地
　　　　　　　　　　　　　　　　　　　　　　　　〇〇〇〇大学　実習指導室
　　　　　　　　　　　　　　電話番号(〇〇〇)〇〇〇〇局〇〇〇〇番

文例：6　実習依頼（保育実習Ⅱ）

○年○月○日

○○市
保育課
課長　○○　○○　　様

　　　　　　　　　　　　　　　○　○　○　○大学
　　　　　　　　　　　　　　　　○　○　○　○学部
　　　　　　　　　　　　　　　　　学部長　○　○　○　○

保育実習Ⅱ（保育所実習）の受け入れについて（依頼）

　時下ますますご清栄のこととお慶び申し上げます。
　日頃から本学の教育に格別のご理解とご協力を賜り、厚く御礼申し上げます。
　さて、このたび本学○○○○学部における保育実習につきまして、○○市立保育所での実習を希望する学生について、下記の内容で保育実習の受け入れをお願い申し上げたく存じます。
　つきましては、標記の件につきまして、下記の内容に基づき保育所実習を計画しておりますので、ご承諾をいただきたくお願い申し上げます。お手数ながら必要事項をご記入の上、同封の返信用封筒にてご返送いただきますようお願い申し上げます。

　　　　　　　　　　　　　　　記

1．実習希望学生数　：　（○年度入学）　　　○　名

2．実 習 教 科 名　：　保育実習Ⅱ

3．実 習 の 目 的　：　保育士資格　取得の為

4．実 習 の 期 間　：　○年○月○日（○）〜○月○日（○）の間のおおむね10日間
　　　　　　　　　　　　＊実習受け入れ可能な日を別添承諾書にご回答ください。
　　　　　　　　　　　　　その際、実実習時間(休憩時間を除く)が○時間以上になる
　　　　　　　　　　　　　よう、ご配慮お願いいたします。

5．実 習 生 一 覧　：

実習生氏名	生年月日	実習生の住所(電話番号)	実習希望園
○○　○○	○.○.○	○○県○○市○○町○-○ (TEL ○○○-○○○-○○○○)	○○市○○保育所

文例：7　承諾書

　　　　　　　　　　　　　　　　　　　　　　　　　　　年　　　月　　　日
　○　○　○　○大学
　○　○　○　○学部
　学部長　　○○○○　殿

　　　　　　　　　　　　　所　在　地
　　　　　　　　　　　　　市町村名
　　　　　　　　　　　　　担当課名　　　　　　　　　　　㊞

　　　　　　　　　　　　承　諾　書

　○○○○大学○○○○学部から依頼のありました保育実習生の受け入れについて、下記のとおり承諾します。

　　　　　　　　　　　　　　　　記

　　1．実　習　園　：　○○市○○保育所

　　2．実 習 生 数　：　○　名

　　3．実習生氏名　：　○○　○○

　　4．実 習 期 間　：　　　年　　月　　日（　）〜　　月　　日（　）
　　　　　　　　　　　〔（土曜日を 含む ・ 含まない）＿＿＿＿＿＿日間〕
　　　　　　　　　　　　　＊ ○をお願いいたします

　　5．細菌検査について：　要　・　不要　（どちらかに○をお願いします）
　　　　健康診断について：　要　・　不要　（どちらかに○をお願いします）
　　　　　　　　　　　　　その他の検査が必要な場合は、その検査名をご記入ください。
　　　　　　　　　　＿＿＿＿＿＿＿＿＿＿＿＿＿＿＿＿＿＿＿＿＿＿＿＿＿＿＿＿

　　6．そ の 他　：実習に必要な事柄・ご要望などがありましたら、ご記入ください。
　＿＿＿＿＿＿＿＿＿＿＿＿＿＿＿＿＿＿＿＿＿＿＿＿＿＿＿＿＿＿＿＿＿＿＿＿＿＿＿
　＿＿＿＿＿＿＿＿＿＿＿＿＿＿＿＿＿＿＿＿＿＿＿＿＿＿＿＿＿＿＿＿＿＿＿＿＿＿＿
　＿＿＿＿＿＿＿＿＿＿＿＿＿＿＿＿＿＿＿＿＿＿＿＿＿＿＿＿＿＿＿＿＿＿＿＿＿＿＿

6）評価票送付

　評価票は郵送しないで，教員が訪問（巡回）の折に持参するケースもあるが，指導上の必要を考えると，実習開始時には指導担当者の手元にあることが望ましい（文例8）。

　　貴保育所での実習に関し，○名分の評価票を同封いたしましたので，ご確認ください。
　　お手数をかけ恐縮ですが，該当箇所にご記入の上，同封の返信用封筒にて，○月○日（　）までにご返送くださいますよう，お願い申し上げます。

2　実習中

1）対外文書

　実習期間中の依頼・連絡事項は，事前懇談会などの席上で伝えている場合もあるが，全実習先に確実に伝えておきたい事柄は，文書にして実習が始まるまでに実習先に送付しておきたい。実習内容に関する事柄と，事務的な連絡事項とは受け入れ側の担当者が異なるので，項目を分けて記す。
　また，不明な点などを確認する際の連絡先もきちんと記しておく（文例9）。

2）学内文書

　実習先は多数の施設・園になるため，学生がどのように実習していたのか全体の様子は報告書で知ることになる（資料7-1）。

文例：8　評価票送付文書

〇年〇月〇日

〇〇〇保育園
園長　〇〇　〇〇　殿

　　　　　　　　　　　　　　　〇　〇　〇　〇大学
　　　　　　　　　　　　　　　　〇　〇　〇　〇学部
　　　　　　　　　　　　　　　　　学部長　〇　〇　〇　〇

保育実習Ⅰ（保育所実習）成績票等の送付について（事務連絡）

時下ますますご清栄のこととお慶び申し上げます。

日頃から本学の教育に格別のご理解とご協力を賜り、厚く御礼申し上げます。

さて、このたび貴園での本学〇〇〇〇学部における保育実習Ⅰの受け入れにつきまして快くご承諾いただき、心より感謝申し上げます。

つきましては、保育実習に当たり下記の関係書類をご送付いたしますので、よろしくお取計い下さいますようお願いいたします。

尚、お手数ですが、実習終了後に実習出席票、および成績票を同封の封筒にてご返送願います。

記

1．実習園へのお願い（資料添付）

2．実習生個人票

3．保育実習にかかる誓約書

4．実習出席票及び成績票一式
　　実習終了後、同封の返信用封筒にて、〇月　〇日頃までにご返送ください。

5．実習日誌（様式）
　　学生に所持させているものを、各種類1部をご参考のため同封いたします。

6．実習委託費支払回答書
　　実習委託費を指定口座に振り込ませていただきます。回答書に必要事項をご記入の上、同封の返信用封筒にて、〇　月　〇日頃までにご返送下さい。

巡回指導に行った際に卒業生に会うこともあるし，実習生に直接関係することではなく，養成校の指導のあり方に対する要望や就職の動向を知る機会にもなる。したがって，実習生の様子を見て指導することが第一であるが，実習先全体の雰囲気を把握することも欠かせない。また，次年度の学生配属の参考になることがあれば，それも記しておきたい（文例10）。

文例：9　実習中の対外文書

〇年度
〇〇大学　〇〇〇〇部　実習指導室

保育実習Ⅰ（保育所実習）期間中の依頼について（連絡事項）

　本学の保育実習Ⅰ（保育所実習）の目標と内容は別紙の通り（別紙〇）でございますが、貴園の保育方針の中で、様々な保育実習の内容を学ばせていただきたいと思いますので、よろしくお願い申し上げます。
　また、下記の項目につきましても、ご配慮いただきますようお願い申し上げます。

① オリエンテーション（事前訪問）について
　　　保育実習前に、オリエンテーションをお願いいたします。日時につきましては、学生から電話連絡をさせていただきますので、よろしくお願いいたします。
　　　オリエンテーションの内容につきましては、（別紙〇）をご参照ください。
② 実習記録、及び指導案等について
　　　実習記録（保育指導案を含む）を同封しておりますので、貴園でのご指導にお使いいただければと思います。なお、形式の変更、または、貴園のものを用いてのご指導でもかまいませんので、その際には書き方のご指導をお願いいたします。
③ 指導実習について
　　　保育実習Ⅰでは、幼児理解を主たる目的としております。しかし、園の保育に無理のない程度で、園生活の一部分の実習(部分実習)を経験させていただくことができましたらとても有難く、学生の学びとなると思っております。厚かましいお願いで恐縮ですが、何卒よろしくお願い申し上げます。
④ 実習時間、遅刻・早退・欠席の扱いについて
　　　実習時間は、基本的に10日間とし、(休憩時間を除く1日の実実習時間を8時間として) 実実習時間の合計が80時間以上となるよう、ご協力をお願いいたします。
　　　また、学生が病気などにより遅刻や早退、欠席をした場合、お忙しい中ご迷惑をおかけいたしますが、実習の補充をお願いいたします。
　　　遅刻や早退、欠席をした翌日に、学生から届を提出させますので、内容を確認の上、担当保育者と所長先生の印をお願いいたします。提出した届は、学生の実習記録の末尾に綴じるようお願いいたします。
⑤健康診断書・細菌検査証明書について
　　　支持されました証明書は、学生が実習初日に直接持参いたしますので、お受け取りください。
⑥その他
　　　ご不明な点や実習中の連絡などがございましたら、下記までご連絡ください。

（問い合わせ先）
〒△△△△－△△△△　〇〇市〇〇区〇〇町〇番地
〇〇〇〇大学　実習指導室
電話番号(〇〇〇)〇〇〇〇局〇〇〇〇番

資料：7－1

実習巡回指導報告書

○○○大学　　△△△学部

指導教員氏名				
実　習　生	学籍番号		氏　名	
施　設　名				
訪　問　日	年　　月　　日　（　　曜日）			
指導担当者氏名				

◎各項目の事柄について訪問時点の状況を○印または具体的に記入して下さい．
なお，適切な選択肢がない時は，加筆し，○印を付けて下さい．

Ⅰ　実習生の課題　（実習計画）　の確認と指導

　1．実習施設の概要および利用者の全体像が把握されているか．
　　①理解している　②理解していない　③施設からの説明がない　④わからない

　2．実習計画にそった学習がどのように進んでいるか．
　　①予定通り進んでいる　　　　②遅れている　　　　　③かなり遅れている

　3．実習課題の達成状況の確認と修正
　　①いくつか達成できている　②できていない　③修正の必要があるので，話し合う．

　4．実習生につまずきはないか．あるとしたら，どこでつまずいているか．
　　〈記入欄〉

Ⅱ　施設側の4週間（2週間）プログラムの確認と調整

　1．どんなプログラムが立案されているか
　　①実習全期間　②週ごとに示される　③とくに前もって示されず，毎日，その都度，指示される

　2．プログラムにそった実習経験項目が実施されているか
　　①実施されている　②プログラム通りに実施されていない　③プログラムがない

　3．プログラムの再調節は必要か
　　①必要ない　　　　　　②部分的に必要　　　　　③全面的に必要

Ⅲ　実習生の適応状況の確認と指導

　1．指導担当者および他の職員と良好な関係を形成しているか
　　①良好な関係ができている　②努力はしているが，できていない　③消極的または努力しない

175

2．利用者の特徴を理解し，良好な関係を形成しているか

①良好な関係ができている　②努力はしているができていない　③消極的または努力しない

3．実習生相互の関係は良好か

①良好である　②あまり良好とはいえない　③他に実習生はいない

4．実習生の生活条件の中で改善すべき点は何か

〈記入欄〉

Ⅳ　ケース研究に関する指導

1．ケース研究（担当）がなされているか，あるいは予定されているか

①なされている　②後半の実習で予定されている　③予定されていない

2．対象となる利用者と良好な関係が形成されているか

①良好である　②努力はしているが，なかなか馴染めない　③努力が感じられない

3．対象ケースの身体的，心理的，社会的状況が適切に把握されているか

①把握している　②あまり把握していない　③全く理解していない

4．援助計画を実習生が具体的に立案しているか

①立案している　②立案していない　③施設がそのような指導をしていない

Ⅴ　実習日誌，記録に関する指導

1．5W1Hが正確に記録され，客観的に書かれているか

①よく書かれている　②努力を要する　③かなり文章力に問題がある

2．その日の課題が明確に記録されているか

①記録されている　②課題が明確になっていない　③施設の指導がない

3．期限を守って提出されているか

①提出している　②提出が遅れたときもあった　③施設の指導で，一定期間，まとめて提出した

4．その他，表現などに関する指導

〈記入欄〉

Ⅵ　その他，特記事項

記入欄

文例：10　訪問指導報告書

年度

実習訪問(巡回)指導報告書

〔 保育実習Ⅰ（保育所・施設）・保育実習Ⅱ・保育実習Ⅲ 〕

担当者　　　　　　　　　　　　

実習施設名	
実習生　学籍番号	
氏　名	
実　習　期　間	月　　日（　　）〜　　月　　日（　　）
訪　問　日　時	月　　日（　　）　　時　　分〜　　時　　分

① 施設からの意見・要望や話した内容など

② 実習生の感想および指導内容（学生一人ひとりに関すること）

③ 訪問者の所見、感想など

3 実習後

1）対外文書（養成校からの礼状）

　実習が終わって学生が学校に戻ってきたら，今回の実習を引き受けていただいたことのお礼状を出す。一度で実習が終了せず，複数回にわたって実習をお願いしている場合は，最後の学生の実習が終了してから出す。
　また，評価票の受け取りも兼ねて，評価票を受け取ってから，礼状を出すのも一つの方法である。
　いずれにしても，感謝の気持ちを述べることが大切である（文例11）。

2）学内文書

　学生が実習期間をどのように過ごしてきたかは，実習記録（日誌），レポート等から把握できるが，それらに記載されていない内容で学生が問題を抱え込んでいるケースもみられる。ちょっとしたつまずきやすれ違いから，保育者への志望を断念することがないよう，できれば簡単な調査で学生の気持ちを把握しておくと，今後の指導がしやすくなるし，早めの対応が可能である（文例12）。

Ⅶ　実習文書

文例：11　養成校から実習施設への礼状

○年　○月　○日

社会福祉法人○○○
園長　○○　○○　様

　　　　　　　　　　　　　　　○○○○大学
　　　　　　　　　　　　　　　　○○○○学部
　　　　　　　　　　　　　　　学部長　○○　○○

保育実習Ⅰ（保育実習）のお礼

　拝啓　時下ますますご清祥のこととお慶び申し上げます。

　日頃から本学の教育に格別のご配慮を賜り、厚く御礼申し上げます。

　さて、今年度の本学の保育所実習にご協力いただき、厚くお礼申し上げます。先生方には、園務ご多忙中にもかかわらず手厚くご指導を賜り、学生にとって有意義な実習を終了することができましたこと、心より感謝申し上げます。

　また、出席票及び成績評価票も拝受いたしました。園長先生をはじめ、直接ご指導して下さった先生方にも深く感謝いたしております。

　今後、この貴重な保育実習をふまえて、更に保育士の育成に取り組みたい所存でございますので、より一層のご指導、ご協力の程、よろしくお願い申し上げます。

　　　　　　　　　　　　　　　　　　　　　　敬具

文例：12　事後調査

保育実習Ⅱ（保育所実習）事後調査

学籍番号（　　　　　　　）氏名（　　　　　　　　　　　）

※以下の内容についてできるだけ具体的に記入し提出して下さい。

1. 実習園名：_____
   担当年齢：_____歳児（男児_____名・女児_____名）実習担当者氏名：_____
   部分実習を（ した ・ しない ）〔　　　　　回〕⇒〔指導案有り　　　回，なし　　　回〕
   半日実習・全日実習を（ しない ・ した ）⇒〔半日実習：　　　回〕〔全日実習：　　　回〕

2. 実習中に困ったことやわからなかったことを書いて下さい。

3. 園長先生や担任の先生などから受けた指導や指摘されたことを、具体的に書いて下さい。

4. 今回の実習を通して、特に「学んだこと」を書いて下さい。

5. 「事前にもっとしておけばよかったこと」は何ですか。（反省点を含めて）

6. 今回の実習を終えて、自分が成長したと思うことを書いて下さい。

7. 今回の実習に対して、全般的な感想を書いて下さい。

8. 今回の実習で、自分なりに「努力したこと」は何ですか？特に努力したことを下記の番号の中から3つ選んで〔　〕内に書き、どのように努力したのかを（　）内に書いて下さい。
   ①挨拶　②園児の接し方　③園児への言葉かけ　④保護者との関わり　⑤実習記録の記入
   ⑥部分指導の準備　⑦指導のし方　⑧言葉づかい　⑨礼儀・態度　⑩服装・頭髪
   ⑪環境整備(掃除を含む)　⑫自分の健康管理　⑬その他
   〔　　〕（　　　　　　　　　　　　　　　　　　　　　　　　　　　　　　　　）
   〔　　〕（　　　　　　　　　　　　　　　　　　　　　　　　　　　　　　　　）
   〔　　〕（　　　　　　　　　　　　　　　　　　　　　　　　　　　　　　　　）

VIII

実習現場からの期待と要望

1 実りある実習にするために

　実習園では，近い将来，教育・保育の現場でともに働く仲間として，実習生を受け入れている。子どもの成長の素晴らしさ，教育・保育の難しさ等，保育者のありのままを体験し，その中からやりがいや魅力を感じ取ってほしいと思っている。実習生の皆さんは，実習に至るまでに保育者として必要となる様々な知識を習得し，理想の保育者像を思い描いていることだろう。それを実現する第一歩として，実習に挑んでほしい。

　実習で実際に体験したことを記し，実習生がどのように考え行動したのかを明らかにするために実習記録がある。実習中に得たたくさんの情報や知識を書き残し整理整頓することで，次の保育に活用することができる。自らの保育を顧みて，保育の質を高めていくためにも記録は重要である。不十分であったところ，良い視点をもてたところ等，実習担当者が助言する内容を確認し，一日の保育のふり返りをすることで，確実に子どもを理解する力，保育を省察する力は向上する。

　しかし，日誌の書き方がわからなかったり，誤字・脱字やわかりにくい文章であったりすると，実習生の思いや記録が実習担当者に伝わらずに，実習の成果を得難くなるうえ，日誌ばかりに時間をとられ，本来の保育に集中できない。事前に書き方を確認しておき，意義のある実習にしよう。

　保育者の仕事は子どもとの関わりだけではなく，保育の立案・準備や保護者対応，掃除・洗濯など多岐にわたる。実習を主体的なものにするためにも，保育者の1日の流れを知り，園の雰囲気に早く慣れることが望まれる。保育の技術面では保育者のようにできないことや上手くいかないことがあるのは当然であり，実習期間にその課題を見つけ，今後に生かしていこう。言葉のかけ方や，問題が起きた時の対応の仕方など，教育・保育の現場だからこその学びがある。明確な目的をもち，実習中に少しでも多くの教育・保育技術や保育者の視点を習得してほしい。

1）実習態度

　子どもたちは，実習生を「実習生」としてではなく，「先生」として見ているので，子どもの模範となる態度で実習に取り組んでいただきたい。どのような子どもに育ってほしいのかを考え，行動や話す言葉，立ち居振る舞い等のすべてにおいて自らが見本となって示すことが，保育者としての役割のひとつである。保育現場では，実習生であっても教育・保育や子どもに影響を与える重要な人的環境である。実習中のふとした時に友だち言葉や乱暴な言葉を遣うことがないように，日常生活において自分自身の言動を意識しておくことが大切である。

(1) 遅刻・無断欠勤をしない
　連絡もなく，遅刻したり休んだりすると，迷惑をかけるだけではなく，心配もかけることになる。やむを得ず，遅刻や欠勤をする場合は，必ず連絡する。朝は時間に余裕をもち，子どもたちを笑顔で迎えよう。

(2) 挨拶をする
　挨拶は人間関係を円滑にするだけではなく，その場の雰囲気や相手からの印象を大きく左右する。事務的な挨拶では，挨拶のもたらす効果を得られない。笑顔とともに気持ちのこもった温かみのある挨拶をすることは，お互いの心を通わせ，良い人間関係を築くことにもつながる。保育者や子どもはもちろんであるが，送迎時の保護者や来客にも積極的に気持ちの良い挨拶を心がける。

(3) 身だしなみに気をつける
　動きやすく，清潔感のある保育に適した服装やヘアスタイルにする。子どもは香料や薬品類に敏感なため，濃い化粧は避け，香水はつけない。また，アクセサリー類は落とした時に事故につながるため，外しておく。爪も子ど

もを傷つけることがあるため，短く切り，マニキュアは落としておく。フードつきのジャンパーや装飾のある服は，事故や誤飲の危険性があるので着用しない。実習園独自のきまりや方針もあるので指示を仰ぐようにする。

(4) 素直に聞く

　実際に子どもたちと関われる機会であるため，叶えたいことや挑戦したいこともあるだろうが，自分だけで判断せず，実習担当者に相談する。また，指導されたことは素直に聞き入れ，すぐに行動に移し改善していくように心がける。他者からのアドバイスは，自分が成長するために必要なものである。

(5) 意欲をもつ

　実習中のわからないことは遠慮せずに聞いて，できることは自ら積極的に行う。あらゆることに積極的に取り組もうとする姿勢は学びの獲得にもつながる。失敗したり，やり直したりできるのが，実習生なのだから，「やってみよう」と様々なことに意欲的に挑戦して，実習を充実させてほしい。

2）子どもたちとの生活とあそび（子どもとの関わり）

　実習生の誰もが緊張や不安を抱えているが，どのような小さなことでも事前に相談して，可能な限り解消しておき，実習には笑顔で子どもと関われるようにしよう。子どもの気持ちに寄り添い，心を通わせることで，子どもといっしょに楽しい保育を作り上げることができる。

(1) 丁寧な対応で接する

　子どもからの語りかけや問いかけには，子どもの目線に合わせて，やさしく応答する。人は愛され，やさしく見守られ，温かい人間関係を体験することで，情緒が安定する。忙しかったり，同時にたくさんの子どもから声をかけられたりする時でも，いい加減な返事はせず，今，答えられない理由を伝

え る。常に子どもと共感し合い，子どもの立場に立って物事を考えることが望まれる。

(2) すべての子どもに目を向ける

　子どもはみんな自分を見てほしいと思っている。積極的に関わりを求めてくる子どもだけではなく，恥ずかしくて遠くから眺めている子どもや言葉をかけてほしくて待っている子どももいる。遊べていない子どもはいないか全体を見るように意識をして，すべての子どもに目を向けて接していく努力をする。子ども一人ひとりに対する省察を通して，子ども理解と状況に応じた援助や関わりを学ぶことが大切である。

(3) 正しい言葉遣いをする

　その場に応じた正しい言葉を遣う。声のトーンや大きさにも配慮しながら，はっきりと明瞭に発音し，ゆっくりと聞きとりやすい話し方をする。たくさんの言葉を獲得する時期の子どもにとっては，実習生との会話もお手本になるという意識を常にもっておいてもらいたい。

(4) 人権に配慮する

　全国保育士会倫理綱領には，「すべての子どもは，豊かな愛情のなかで心身ともに健やかに育てられ，自ら伸びていく無限の可能性をもっています」とはじまる。子どもの人権を否定し，権利を奪ったり，差別をしたり，自尊心を傷つけるようなことをしてはならない。子どもの人権は大人に比べ軽んじられやすいため，子どもを大人と同様，一人の人間として尊重し，子どもの育ちを支えていく。

(5) 子どもの個性を理解する

　実習担当者に聞いたり，観察したりしながら，子ども一人ひとりの発達段階や個性を把握するように努める。子どもの個性を理解して，どのような姿

であっても目の前の子どものありのままの姿を受容して共感する姿勢が保育者には必要である。

2 実習生として

　実習であっても，教育・保育に携わる以上，保育者として未来ある子どもたちの命を預かり，人間形成の役割を担うことになる。教育・保育の質を向上させることは重要であるが，それ以前に基本的な事項として以下の点を留意しておいてほしい。

1) 体調管理

　保育者は，気力も体力も必要とする大変な仕事である。実習生ということで緊張もあり，慣れない環境での実習は身体的にも精神的にも負担が大きく，疲れが出やすい。実習までに生活リズムを整え，万全の体調で実習に臨んでほしい。毎日，元気に子どもと関わることが，実習の基本である。実習期間中も，食事や睡眠をしっかりとり，子どもたちに疲れた顔を見せることなく，笑顔で接するよう心がける。

2) 個人情報およびプライバシーの保護

　教育・保育従事者には，「守秘義務」がある。実習中に子どもの成育歴や発達に関する話など個人情報に触れることも多いが，実習中に知り得たことを，部外者に口外してはならない。実習生同士であっても，個人情報を含んだ話題を通勤途中や帰宅後にすることで大きな問題につながる可能性がある。実習では，子どもたちのかわいい姿や感動する場面に立ち会えるが，無

断で撮影をしたり，撮影したものをインターネットやSNSなどに投稿したりすることは禁じられている。文書，記録，写真などをUSBなどの媒体により無断で持ち出すことも禁止である。個人情報には注意を払い，絶対に外部に漏らさないようにする。

3）安全危機管理

　幼稚園や保育所（園），認定こども園においても，教育・保育時間が長時間化している。そういった状況下では，子どもたちの命を預かる保育者は，環境の配慮と細心の注意が必要である。特に，睡眠，食事，プール活動および水あそび等の場面において重大事故が発生しやすい。自分勝手な判断により，子どもたちの安全が損なわれることがないよう，わからないことは必ず聞いて確認する。実習中は，実習担当者の指示を守り，実習者としての責任を自覚して子どもの安全に努める。

3 理想の保育者像に向かって

　迎え入れる我々も，実習生から学ぶことがたくさんある。目を輝かせて笑顔で子どもに向かう実習生の姿から，自分自身が実習をしていたころの成功体験や失敗した経験を思い出し，試行錯誤しながら課題を乗り越えようとしている実習生を全力で応援したい気持ちが溢れてくる。保育者は，実習指導の機会を得ることで，初心に返り，保育者に憧れ，保育者になることをめざして努力してきた自分を顧みることができる。実習生とともに丁寧な子どもとの関わりや観察を積み重ね，実習をふり返り，子どもが夢中になって遊んでいる姿やつぶやきから，教育・保育を語り合うことは，楽しい時間である。我々保育者は，このような心もちで実習生と向き合っているので，遠慮した

187

り躊躇したりすることなく，積極的に貪欲に実習に取り組んで，感動や挫折を経験し，素晴らしい保育者への一歩を踏み出してほしいと願っている。今まで学んできた教育・保育の理論を現場での実践に重ねることで，教育・保育観や自分がなりたいと思う保育者像が再構築される。実習が終わっても，なお，子どもの気づきに寄り添える保育者になるために感性を磨き，努力し続けていただきたい。いつか同じ保育者として現場で切磋琢磨できる日を楽しみに待っている。

[文献]

1）内閣府 文部科学省 厚生労働省：幼保連携型認定こども園教育・保育要領解説，フレーベル館，p.339，2018.

Appendix

指　導　案

日時・天候	月　日(　)　：　～　：　天候	実習生氏名	
クラス名	組（　　歳児）　男児：　名　女児：　名　計　名		
担任名			

【現在の子どもの姿】	【活動のねらい】
	【子どもの経験する主な活動】

時　間	環　境　構　成	予想される子どもの活動	実習生の援助と留意点

部分実習指導案

実習生氏名　○○　○○　印

9月9日（木）	クラス： ばら 組 5 歳児 在籍数：男児 12 名・女児 12 名 計24名		指導者 氏　名	△△　△△△先生 ○○　○○
活動	皿まわしを作って遊ぶ。	ねらい	・皿を回したときの模様を想像して、色の組み合わせや折り紙の位置を工夫して貼る。 ・見える模様を楽しみながら、落とさないように皿を回すことができる。	

時刻	環境構成	予想される子どもの活動	保育者の援助および配慮
9:45	（机の配置図）	○保育者の話を聞く。 ・皿まわしを見る。 ・作り方の説明を聞く。	・保育者が作った皿を見せ、子どもたちの前で実際にどのように回すのかをして見せることで、興味をもって説明を聞けるようにする。
9:50	〈準備物〉 ・紙皿（28） 　（24枚＋予備4枚） ・割り箸（30） 　（24本＋予備6本） ・色紙｛青・赤・桃・黄・藤 　　　　水・橙・黄緑｝ ＊各色を1つのケースに入れて各机に置いておく。 ・糊（各自） 〈完成図〉 （表・裏の図） 紙皿の底に、筒状の厚紙を貼り付けたものを用意しておく。	○皿まわしの皿を作る。 ・紙皿をもらう。 ・折り紙を手でちぎる。 ・ちぎった色紙を皿に貼って模様をつける。	・本体は全て作っておき、子どもたちの作業は、ちぎった折り紙で模様をつけるだけにしておく。 ・紙皿は、名机の1名が受け取りに行く。 ・折り紙をちぎる大きさは、皿に貼っていくので、あまり細かくなりすぎないように声かけをする。 ・皿を回したときのことを想像して、色の組み合わせや色紙の貼り方を工夫するように言葉かけをしていく。
10:05		○皿を回して遊ぶ。 ・割り箸をもらい、2つに割る。 ・色紙を貼れた子どもから皿を回して遊ぶ。	・皿に色紙を貼れた子どもから、割り箸を渡していき、2つに割るように伝える。うまく割れない子どもには、手を添えて援助していく。 ・皿が回るためには、バランスをとりながら回すことを知らせる。 ・回転速度によって、模様が違って見えることや、友だちと見比べて、いろいろな模様ができることに気づくように言葉かけをしていく。
10:30		○保育者の話を聞く。	・活動への満足感が味わえるように、皆で工夫したことや感じたことを発表するようにしていく。
10:40		○片づけをする。	・協力して片づけをするよう、言葉がけをする。

評価・反省	

おわりに

　近年，保護者の子育て環境の変化や子どもを取り巻く生活環境の変化などにより，育児に対する不安や悩みを抱える保護者が増加し，多くの深刻な問題が表れてきました。こうした問題改善の一助として，保育園や幼稚園，認定こども園に期待される役割は大きく，保育士や幼稚園教諭，保育教諭の役割は増加しています。とくに，乳幼児期は，子どもが生涯にわたる人格形成の基礎を培うきわめて重要な時期であることから，子どもの保育や教育とともに，保護者に対する子育て支援の役割がいっそう高まってきています。

　そこで，2011年度からの保育士養成課程の改正では，保育所の役割を明確化し，保育の内容の改善や保護者の育児支援，保育の質を高める仕組み等が強化され，保育実習を充実させて，より質の高い保育者の育成を目指すこととなりました。2019年の一部改正では，保育所保育指針が改定されたこと等を踏まえ，さらに実践力のある保育士の養成が求められています。

　実習では，養成校で習得した知識や技能を基礎として，それらを総合的に実践する応用能力を養うことが求められています。そのため，まず，乳幼児の理解に努め，保育の理論と実践との関係について習熟することが必要となります。養成校や養成機関などで学んだ専門の理論や知識，技術を，具体的に乳幼児とのふれあいを通して体験し，保育者として求められる資質や能力，技術を習得していくことが求められます。

　本書が，保育や教育，福祉を学ぶ学生のみなさん，あるいは保育実習や教育実習を受け入れていただく保育・施設・教育の現場の先生方，また，養成校で実習担当をされている先生方に，少しでも役立つことを願っております。

京都ノートルダム女子大学
教授　石　井　浩　子

編著者略歴

前 橋　　　明（まえはし　あきら）
早稲田大学 教授／医学博士

鹿児島大学卒業・米国南オレゴン州立大学卒業。
米国ミズーリ大学大学院で修士（教育）号を取得・岡山大学医学部で博士（医学）号を取得。

総合社会福祉施設「旭川荘」児童院療育課（機能訓練担当）・バンビの家（運動訓練担当），倉敷市立短期大学（保育学科教授）を経て，2003年4月より早稲田大学へ。
現在，健康福祉科学からの児童福祉・幼少児の健康教育，子どもの健康福祉学の学問と研究に従事。

■米国での指導　　ミズーリ大学　　　客員教授　H2～3
　　　　　　　　　ノーウィッジ大学　　客員教授　H5～6
　　　　　　　　　バーモント大学　　　客員教授　H5～8
　　　　　　　　　セントマイケル大学　客員教授　H6
■台湾での指導　　国立台湾体育大学　　客員教授　H27～28

石 井　浩 子（いしい　ひろこ）
京都ノートルダム女子大学 現代人間学部 こども教育学科 教授

倉敷市立短期大学 保育科卒業
聖和大学大学院 博士前期課程 教育学研究科 幼児教育学専攻修了（教育学修士）。
聖和大学大学院 博士後期課程 教育学研究科 幼児教育学専攻満期退学。
小ざくら乳児保育園，小ざくら保育園，小ざくら夜間保育園に勤務。香川短期大学（幼児教育学科講師）を経て，2007年から京都ノートルダム女子大学に勤務。保育士養成課程において，保育原理や乳児保育，保育内容，保育実習指導などを担当。

【編著・執筆者（執筆順）】

前　橋　　　明（早稲田大学）編著，はじめに，Ⅰ－4，Ⅶ
石　井　浩　子（京都ノートルダム女子大学）編著，Ⅱ，Ⅶ，おわりに
植　田　恵理子（京都ノートルダム女子大学）Ⅰ－1
福　田　真　奈（横浜創英大学）Ⅰ－2
佐　野　裕　子（仙台白百合女子大学）Ⅰ－3，Ⅳ
志濃原　亜　美（秋草学園短期大学）Ⅰ－4
長谷川　直　子（横浜創英大学）Ⅲ
山　本　智　也（大阪成蹊大学）Ⅴ－1，Ⅶ
畠　山　　　寛（京都ノートルダム女子大学）Ⅴ－2，Ⅶ
萩　原　暢　子（京都ノートルダム女子大学）Ⅴ－3，Ⅶ
鵜　飼　真理子（社会福祉法人 心育会 幼保連携型認定こども園 さつきこ
　　　　　　　　ども園）Ⅵ－1～3，Ⅶ
古　庵　晶　子（京都ノートルダム女子大学）Ⅵ－4
橘　　　信　子（社会福祉法人 徳雲福祉会 大井こども園）Ⅷ

JCOPY 〈(社)出版者著作権管理機構 委託出版物〉

本書の無断複写(電子化を含む)は著作権法上での例外を除き禁じられています。本書をコピーされる場合は、そのつど事前に(社)出版者著作権管理機構(電話 03-3513-6969、FAX 03-3513-6979、e-mail: info@jcopy.or.jp)の許諾を得てください。
また本書を代行業者等の第三者に依頼してスキャンやデジタル化することは、たとえ個人や家庭内での利用であっても著作権法上認められておりません。

健康福祉シリーズ 4
新・実習指導概説
保育・教育・施設実習

2019 年 7 月 25 日　初版発行

編 著 者　　前橋　　明・石井　浩子

発　　行　　ふくろう出版
　　　　〒700-0035　岡山市北区高柳西町 1-23
　　　　　　　　　　友野印刷ビル
　　　　TEL：086-255-2181
　　　　FAX：086-255-6324
　　　　http://www.296.jp
　　　　e-mail：info@296.jp
　　　　振替　01310-8-95147

印刷・製本　友野印刷株式会社
ISBN978-4-86186-760-6 C3037　　Ⓒ 2019

定価はカバーに表示してあります。乱丁・落丁はお取り替えいたします。